PAULO DA LUZ

AS ORGANIZAÇÕES SÃO COMO AS ÁRVORES

Um estilo de liderar com base nas forças da natureza

EDITORA
Labrador

Copyright © 2021 de Paulo da Luz
Todos os direitos desta edição reservados à Editora Labrador.

Coordenação editorial
Pamela Oliveira

Revisão
Iracy Borges

Assistência editorial
Larissa Robbi Ribeiro

Imagem de capa
ikatod / Freepik

Projeto gráfico, diagramação e capa
Amanda Chagas

Ilustrações de miolo
Leandro Oliveira

Preparação de texto
Bonie Santos

Dados Internacionais de Catalogação na Publicação (CIP)
Jéssica de Oliveira Molinari - CRB-8/9852

Luz, Paulo da
  As organizações são como as árvores : Um estilo de liderar com base nas forças da natureza / Paulo da Luz. — São Paulo : Labrador, 2021.
  96 p : il.

ISBN 978-65-5625-186-8

1. Desenvolvimento pessoal 2. Autoajuda 3. Foco 4. Negócios 5. Sucesso I. Título

21-3739   CDD 158.1

Índice para catálogo sistemático:
1. Desenvolvimento pessoal

EDITORA Labrador

Editora Labrador
Diretor editorial: Daniel Pinsky
Rua Dr. José Elias, 520 — Alto da Lapa
05083-030 — São Paulo/SP
+55 (11) 3641-7446
contato@editoralabrador.com.br
www.editoralabrador.com.br
facebook.com/editoralabrador
instagram.com/editoralabrador

A reprodução de qualquer parte desta obra é ilegal e configura uma apropriação indevida dos direitos intelectuais e patrimoniais do autor.

A Editora não é responsável pelo conteúdo deste livro. O autor conhece os fatos narrados, pelos quais é responsável, assim como se responsabiliza pelos juízos emitidos.

Dedicatória

Quero dedicar este trabalho a todas as equipes de Recursos Humanos com as quais tive o orgulho de trabalhar e de gerenciar, a todas as lideranças com que tive o prazer de compartilhar conhecimentos e, principalmente, aos meus atendimentos, com os quais, por meio de uma escuta treinada, pude crescer e aprender, além de ajudá-los, apoiá-los e encaminhar soluções para a melhoria do convívio e da luta cotidiana contra as adversidades naturais no crescimento organizacional.

Gostaria de dedicar, em especial, aos meus irmãos, Lauro Tavares da Luz Neto, Maria de Nazaré Pinto da Costa da Luz, e aos meus pais (*in memoriam*), que desde muito cedo me deram educação, valores e liberdade para ser quem sou, assim como me ensinaram os primeiros passos, proporcionando-me conselhos e exemplos de como caminhar de maneira firme e consciente. Agradeço também ao meu avô materno, dr. Paulo Leprout Pinto da Costa, que me proporcionou muitos ensinamentos no tempo em que estivemos juntos.

Dedico ainda à Petrobras, aos amigos e aos funcionários dessa empresa, pela partilha de mais de 35 anos de trabalho dedicado e parceiro; e aos líderes que acreditaram no meu trabalho, que me patrocinaram e com quem construí programas e projetos de efetiva mudança e valor para a organização.

Agradeço por ter nascido em Belém do Pará, crescido próximo ao Museu de História Natural Emílio Goeldi e passeado quase sempre naquele encantado lugar, cravado numa posição central da cidade, cercado de árvores frondosas por todos os lados, descortinando muitos caminhos de terra, túneis de muito verde e repletos de fauna e flora, num ambiente acolhedor, imaginativo, inusitado, singular e muito divertido.

A respeito deste livro, apoio todo um conjunto de hipóteses e compartilho minhas alegrias e inspirações durante as chamadas "jornadas organizacionais", que às vezes nos fazem crescer, às vezes nos frustram, colocam-nos diante de grandes desafios, até mesmo nos excluem; são caminhos que implicam não deixar morrer a criança interior e não deixar que as organizações pereçam.

Hoje, mais do que nunca, neste cenário de covid-19, essas reflexões se tornaram mais fortes; portanto, uma boa representação seria comparar as organizações com as árvores. Que árvore seria sua empresa? De que tipo? Quando lidera, você se vê como uma árvore? Como você enxerga o fruto de seu trabalho? Você alimenta pessoas e/ou é alimentado por elas?

Dessa maneira, aprendi muito cedo a ver as coisas que me rodeiam e prestar muita atenção à **energia das coisas**, dos animais, das plantas, das árvores e, principalmente, **das pessoas**. Quero agradecer a todos os mentores, psicólogos, profissionais liberais, instituições e empresas públicas e privadas com os quais me relacionei de modo ético e com que estudei, treinei e empreendi projetos e parcerias.

Minha trajetória foi definida por uma frase que eu não poderia deixar de registrar: "Isso é coisa do Paulo da Luz". Ouvi-la, digeri-la e aceitá-la foi difícil nos primeiros momentos, mas acabei entendendo que se devia a certo "estilo gerencial" que desenvolvi com muito esforço, competência e dedicação ao "ofício de gerenciar", sempre privilegiando resultados por meio das pessoas e de suas competências, fortalecendo suas liberdades para produzir mantendo uma relação divertida.

Hoje sigo à disposição das organizações, das parcerias e dos colegas que me acompanham no ofício de **humanizar as relações**, sustentando essa convicção que sempre me pautou e, consequentemente, a todas as "**criaturas humanas**" que me seguem no ofício de *humanizar as relações*.

Sumário

Prefácio 9

Apresentação 11

Resumo dos capítulos 13

CAPÍTULO 1
Organizações brotam e precisam criar raízes 15

CAPÍTULO 2
Organizações necessitam ter dimensões e formas 31

CAPÍTULO 3
Organizações precisam respirar e gerar frutos 47

CAPÍTULO 4
Organizações podem crescer e se espalhar 65

CAPÍTULO 5
Organizações escolhem viver ou morrer 85

Prefácio

As organizações são como as árvores é a história que Paulo da Luz nos deixa como legado dos 35 anos que trabalhou na Petrobras.

Quando ele anunciou a intenção de humanizar as relações, logo me lembrei das conversas em que ele contava os desafios de implantar o grande projeto de reorientação profissional destinado a colocar homens que trabalhavam no campo na sala de aula para fazer o 1º e o 2º graus, e depois uma escolha técnica profissionalizante na empresa. O desafio era tão grande para aqueles empregados que eles eram acompanhados por um trabalho de desenvolvimento humano. Foi um grande projeto, implementado com muito respeito à dignidade humana.

Sustentar essa forma inovadora de preparar pessoas para novas carreiras era muito desafiador. Ao escutar as histórias de Paulo da Luz, eu respirava e fazia a ele a seguinte pergunta: "Qual é seu nome?". No início, ele me olhava surpreso, mas depois passou a se dar conta do sobrenome "da Luz" que a vida lhe ofereceu.

O nome Paulo da Luz poderia ser o modo que a vida encontrou de dar a ele esta dica: "Olhe a luz presente em todas as situações e em todas as pessoas". Como foi importante essa mudança de ponto de vista. São muitas histórias de Paulo, e não seria diferente no momento de encerrar um ciclo para deixar a sua marca.

Neste livro, você lerá o diálogo de um menino com uma árvore. São muitas lições e muitos aprendizados. Não conto nada além disso para que você se surpreenda com o crescimento do menino até ele alcançar a vida adulta. As conversas com sua amiga árvore davam a ele a oportunidade de desenvolver clareza e a chance de aprender lições importantes para se tornar um gestor e um ser humano melhores.

Todas essas estórias são registros que vão iluminar o crescimento de muitos caminhos. Este é o presente mais especial que Paulo da Luz deixa para nós: o Guia do bem viver!

Gratidão, Paulo da Luz!

Leda Regis
Professional Certified Coach (PCC). Psicóloga, sócia-fundadora da LM Desenvolvimento.

Apresentação

Neste meu projeto de **humanização para as organizações**, a despretensiosa conversa de uma árvore com uma "criatura humana" está repleta de emoções e razões para você se inspirar.

Minha trajetória sempre foi acompanhada de muito didatismo, pois minhas convicções me levam rapidamente a perceber o que pode estar "fora da ordem" em uma organização. Portanto, neste livro, priorizei trabalhar com o crescimento de um menino até chegar à vida adulta e ao cargo de gerente, seguindo as estações do ano e, principalmente, dialogando com a natureza das coisas e das pessoas.

A trilha de desenvolvimento se propõe de modo permanente a **dialogar** (algo que temos feito cada vez menos), depois explora as adversidades e belezas das estações do ano e aponta as competências básicas (natas e inatas) para se buscar uma **carreira gerencial**.

Seja você um executivo, gerente, supervisor, orientador, dirigente, palestrante ou funcionário, isto é, uma **criatura em busca de se desenvolver**, compartilhe as estruturas didáticas que abordarei aqui, que poderão até servir de base para que pais e filhos troquem ensinamentos sobre a nobre arte de gerenciar.

Não se trata de um constructo técnico, mas de apresentar **proposições reflexivas, didáticas e vivenciais** que entendo que serão suficientes para conectar suas ações e seus sentimentos, provocando pensamentos racionais e emocionais que lhe proporcionarão maior sensibilidade para liderar a si mesmo e os outros.

Deixo um alerta a todas e todos os líderes, empresários, políticos, estadistas e empreendedores: **humanizem as organizações**. Os processos sociais e psicológicos já estão muito comprometidos, o adoecimento das pessoas é uma realidade, a decadência de processos vitais nas organizações tem sido a prática, e, com isso, o sistema organizacional poderá colapsar. Porém, ainda acredito numa possível aliança nacional pela revitalização do emprego e da renda.

Por mais que alguns entendam essa proposta como "filosófica" ou "ilusória", peço-lhes que se atentem para a similaridade da vida da natureza com a vida humana. A comparação que uso aqui é a de que **as organizações são como árvores**: o modo como um ser humano pode ver, entender, compreender e se relacionar com as organizações realça a importância da **humanização das relações**.

Venha comigo nesta jornada! Vamos entrar nessa floresta de nós mesmos, onde encontraremos toda a diversidade, nem sempre amigável, de se instituir de maneira humanizada um lugar para que nossos filhos e netos possam empreender, prosperar, desenvolver-se e elevar nosso país a uma condição melhor, esse entendimento servirá para diversas áreas organizacionais, inclusive para a política neste virtuoso país.

Resumo dos capítulos

O Capítulo 1, "Organizações brotam e precisam criar raízes", é o verão. Exploramos a conversa com uma criança, com eixo central na **gestão da mudança**. O capítulo também aborda escolhas, diferenças entre as pessoas, equilíbrio, confiança e resiliência.

No Capítulo 2, "Organizações necessitam ter dimensões e formas" tem início o outono. Aborda-se a conversa com um adolescente, tendo como eixo central a **gestão de pessoas** e versando também sobre autoimagem, autoridade, sincronicidade, objetivos, comunicação, desafios da liderança e multiplicidade de papéis.

O inverno chega no Capítulo 3, "Organizações precisam respirar e gerar frutos", no qual aborda-se a conversa com o adulto, tendo como eixo central a **gestão estratégica**, mas mencionando, também, propósito; missão, autoconhecimento, resistências e resultados; treinamento e desenvolvimento; e experimentação.

No Capítulo 4, "Organizações podem crescer e se espalhar", a primavera explora-se a conversa com um gerente, tendo como eixo central **gestão de processo** e **gestão do conhecimento**. Outros temas abordados são: cooperação; decisão; diferenças e a competitividade; comunicação; discurso e prática; motivação; liderança de pessoas; gerenciamento de acordos, imprevistos, diferenças e vitórias; e passos básicos do gerenciamento.

No Capítulo 5, "Organizações escolhem viver ou morrer", abordamos a **conversa consigo mesmo**, tendo como eixo central proposições para elaborar pactos para o gerenciamento e trazendo possíveis regras básicas de convivência, chamadas de *Guia do bem viver*.

• CAPÍTULO 1 •

Organizações brotam e precisam criar raízes

Era uma linda manhã, num daqueles dias em que o sol brilhava, seus raios atravessavam a floresta como que banhados de uma luz fascinante. Naquela pequena mata havia muitas árvores, o vento era gentil, as folhas estavam propensas a dar sombra à vontade, os pássaros passavam por ali desejando bom-dia, emitindo sons quase coordenados. Alguns animais também apareciam e, muito próximo dali, uma água cristalina deslizava sobre as raízes das árvores, como se as banhasse de beleza e alimento.

Certa vez, de maneira inusitada, mesmo dentro de sistema harmônico, como se apresenta a natureza, tudo parecia equilibrado, quando aproximou-se uma estranha criatura. Era incomum ver alguém daquela idade andando sozinho, mas era real: uma criatura humana, um menino falante, parecia procurar algo ou alguém. Ele supostamente morava nas redondezas, mas nunca havia caminhado por ali. Estava entrando num terreno novo, diferente, intrigante e muito bonito. Concentrado, parecia desbravar sem medo novos caminhos, embora não soubesse exatamente o que fazia com que seu espírito corajoso seguisse em frente; era como se uma força o estivesse conduzindo ou mesmo o puxasse, como que levando-o a um lugar encantado.

Eram quase dez horas de uma manhã de verão, e tudo parecia fazer sentido: o menino caminhava falando sozinho, às vezes cantava, outras vezes parecia chamar pela natureza, tentando imitar os pássaros. Queria chamar a atenção e precisava de atenção, como nesses momentos em que estamos sozinhos e queremos companhia. Uma árvore muito observadora o olhava e ouvia, atenta e muito sábia, e percebeu que ele trazia um chamado. Seu canto era conhecido, e somente quem reina na natureza tem o dom de ouvir desde o menor sussurro até os apelos das almas. A árvore ficou muito entusiasmada de conversar com aquele menino, era quase um impulso incontrolável. Ela pensou, refletiu, mas sabia que se demorasse ele passaria e poderia não a ouvir. Quase em sussurros buscou falar, sua voz bastante travada saiu bem devagar, baixinha, quase um lamento, ela tinha muitos receios e, num esforço magistral, disse: "Olá! Quem é você? O que faz aqui?".

Um grande silêncio se fez: ninguém esperava por aquilo, o que será que estava acontecendo ali? "Oi!", respondeu o menino, "Quem está falando? Estou aqui, sou um menino. E você, quem é?". Parecia não haver mais saída: a árvore, tomada por seu genuíno impulso, fez a revelação: "...Sou uma árvore, estou aqui à sua direita". "Onde? Tem muitas árvores aqui! Cadê você? Você fala a minha língua?" "Respire", pediu generosamente a árvore. "Você terá que me contatar. Levante seus olhos, vire lentamente à direita e olhe para cima. Vou pedir ao vento para me balançar para você. Tenha calma, respire."

Completamente confuso, e ainda absorto em dúvidas sobre se alguém estaria a lhe fazer troça, ele não conseguia encontrar a árvore. Sua cabeça estava em pânico, um rebuliço de sentimentos estava presente, e novamente se fez um grande silêncio. Passaram-se alguns minutos, que pareceram horas, e ele resolveu cantar novamente. Dessa vez, imaginou que a árvore pudesse cantar com ele, mas nada aconteceu. Ele ficou por ali horas, certificou-se de não haver ninguém por perto e resolveu marcar aquele lugar para poder retornar no dia seguinte.

No caminho de volta, ainda muito pensativo, a todo momento se perguntava: estaria sonhando? Será que tudo não passara de uma ilusão? Quando somos crianças, nosso universo é imenso: sonhamos com muitas coisas e, nas brincadeiras, vivemos num mundo à parte, diferenciado e isento de vários dos pensamentos que no futuro nos povoarão, mudando radicalmente nossas ações. Às vezes nos esquecemos quase por completo do nosso período de infância, em outras, nem temos lembranças dessa fase pela falta de momentos de brincadeira, trazendo uma ausência para o universo da criança. Nossos sentidos e sensações nos ajudam a memorizar as coisas, e ao armazenar esses estímulos, eles se tornam muito importantes. Embora descartemos muitas coisas, pois somos seletivos, acessaremos constantemente os sentimentos positivos, eles serão úteis à vida e acabarão se tornando necessários para formar o adulto que nos tornaremos, ou mesmo para resgatar a própria criança que carregamos em nosso interior, dentro de nossos pensamentos e memórias.

No interior daquele menino havia uma certeza, como existe em todas as crianças: a força do conhecimento, da descoberta, da euforia, da revelação, uma força que permitia experimentar novos sentimentos, testar limites, desafiar a segurança e testar a coragem. Essas são virtudes da idade, são tempos que passam muito rápido, às vezes sem muitos registros, às vezes marcados por uma intensa vivência de felicidade e experimentação.

Esses momentos são fundamentais para registrarmos lembranças de nossa infância, pois elas tendem a ficar mais opacas e até desaparecer. Mas as memórias da infância são muito importantes, e por isso devemos resgatá-las para que possamos iluminar nossas fontes inesgotáveis de amor, verdade e coragem, forças impulsionadoras que nos colocarão em pleno exercício do caminho, ocupando espaços, lidando com as pessoas, construindo emoções e valores, realizando nossas próprias conquistas e nos ajudando a proporcionar boas lembranças e bons sentimentos nas outras pessoas. Essa é uma reflexão importante, pois cooperação, coletividade e compaixão são conceitos que aprendemos nessa fase. Se não forem internalizados, muito dificilmente conseguiremos resgatá-los ou reconquistá-los na vida adulta.

A árvore sabia que o menino era um ser humano que deveria brincar e aprender, que essa fase era muito importante para os humanos e que ela poderia dar uma grande contribuição à sua formação, ao seu crescimento e ao seu aprendizado.

O menino voltou para casa e, muito cauteloso, não comentou com ninguém sobre sua experiência; parecia saber que o fato de tentar novamente, de se aproximar daquele local, poderia lhe dar a chance de se encontrar outra vez com aquela voz. O tempo parecia andar devagar e ele imaginava que a noite seria longa, talvez nem conseguisse dormir; estava muito emocionado e não via a hora de retornar ao seu encontro, mas caiu a noite e ele acabou adormecendo.

No dia seguinte, quando despertou, correu até a janela para ver como estava o dia. Para sua profunda alegria, outra bela manhã despontava no horizonte. Cheio de esperanças, correu para se arrumar, tomou café da manhã mais cedo e se pôs a caminhar em direção à floresta. Sentia que não seria um dia igual ao anterior; talvez temesse não encontrar novamente aquele lugar e tudo não ter passado de um simples devaneio.

Quase correndo, ele ia de passo apressado, esperando encontrar as mesmas emoções do dia anterior. Quando chegou ao lugar marcado, tomou-se de espanto: havia flores nos pés da árvore! Surpreso, foi logo dizendo: "Achei você! Fala comigo? Estou aqui e queria entender o que você faz… quem é mesmo você?". A árvore lhe havia feito uma surpresa, pois percebera que humanos nem sempre conseguem enxergar as coisas que necessariamente precisam ver. Ela sabia que teria que materializar o encontro, pois não é toda criatura que acredita no contato com uma árvore.

De repente, um vento muito forte sacudiu toda a frondosa árvore, e ela disse: "Olá, menino! Seja bem-vindo! Sou uma frondosa árvore, já estou aqui há muitos anos, deixe eu me apresentar. Sou a mais antiga das árvores desta floresta, e todos por aqui, juntos, compõem esse ecossistema chamado 'organizações-árvore'. Temos sempre uma missão: antes de eu morrer, terei que ensinar o que sei para outra árvore".

O menino respondeu: "Quando você fala, não sei para onde devo olhar. Você tem olhos? Tem boca? Não sei como me conectar com você". A árvore respondeu: "Você já se conectou comigo. Este será um grande aprendizado que teremos que desenvolver: acreditar não só no que se vê, mas no que se sente".

E o menino disse: "Eu também tenho uma missão? Não sei bem o que seria isso... Vivo com meus pais e eles me falam que precisam sair todo dia para trabalhar. Seria isso uma missão?". Silêncio. O menino insistiu: "Oi! Você está aí?". "Sim, estou aqui", disse a árvore. "Sinto plenamente sua dúvida e posso lhe dizer que todos nós temos uma missão. Trabalhar pode ser uma missão." Mas, reconhecendo sua meninice, continuou: "Você ainda precisará aprender muitas coisas, crescer, desenvolver-se, até estabelecer uma missão para si. Os elementos para isso estão aqui neste universo. Sempre que tiver dúvidas, você pode vir aqui me ver. Posso lhe ajudar a encontrar saídas e poderemos compartilhar muitas coisas. Nós formamos as organizações-árvore, somos estruturas de suporte para que tudo no universo esteja disponível e funcionando. Você, no futuro, também será uma organização-árvore".

O menino pensou e, tentando expressar o que sentia, falou: "Quero terminar os meus estudos e ser um adolescente, mas tenho pressa para ser adulto". A árvore retrucou: "Menino, você tem que ser uma coisa de cada vez. A vida tem um ritmo, assim como a natureza: ora é dia, ora é noite. Você precisa levantar suas necessidades, entender a composição do mundo ao seu redor e descobrir seus dons. Saiba que as mudanças chegarão como vento e, quanto mais você se conhecer, maiores serão suas chances de crescer e ser feliz".

Astuto, o menino começou a querer entender e passou a perguntar tudo que lhe vinha à cabeça: "Mas eu virarei uma árvore? Será que vou viver aqui nesta floresta? Você será a minha mãe?". "Não", respondeu a árvore. "Você sempre será uma criatura humana, mas nossa amizade é possível pelo simples fato de estarmos interligados na natureza. Na sua idade, eu também aprendi muito... Posso lhe contar uma coisa?". "Sim", respondeu o menino. A árvore prosseguiu: "Na sua idade, aprendi cinco coisas importantes: a **fazer escolhas**, e isso será seu maior aprendizado; a entender que **as pessoas são diferentes**; a ter **equilíbrio** entre as emoções e a razão; a ser **confiável**; e a entender que você irá **resistir** a algumas coisas e pessoas e, por não as conhecer ou não as aceitar, terá dificuldades de se comunicar com elas".

O menino, imaginando as cinco coisas, percebeu-as como complexas, mas sabia que aquilo poderia tanto ser um conselho quanto uma proposta, então perguntou: "O que devo fazer? Como posso ter essas cinco coisas?". A árvore respondeu: "Você pertencerá a diversos grupos até chegar à vida adulta. Portanto, escolha seus amiguinhos, brinque com eles, descubra suas facilidades e dificuldades, perceba em qual deles confiar e lembre-se de que nem tudo o fará plenamente feliz. Conviver com as pessoas, viver rodeado de amiguinhos, vai lhe trazer uma grande compreensão da humanidade, que se tornará a base de seu crescimento, a descoberta sobre seu ritmo, seu modo de ser, pensar e agir".

Tomado de felicidade e curioso para experimentar aquelas sensações, ele agradeceu à nova amizade e se despediu, pensando consigo mesmo que manteria a amizade em segredo. Então perguntou: "Quando devo retornar aqui?". A árvore, mais uma vez, colocou as organizações-árvore à disposição dele e falou, aproveitando o vento, quase como se estivesse assoprando: "Aproveite o verão, e seu coração lhe pedirá para vir me ver novamente. Sinta tudo o que tiver que sentir, fale tudo que lhe vier à mente, faça o que precisar fazer, divirta-se sem medo e experimente fazer suas próprias escolhas. Vá, estou torcendo por você. Sinto que seremos grandes amigos e nosso segredo estará preservado. Venha quando quiser; poderemos conversar e aprender juntos sobre muitas coisas".

Em seu retorno, além de não tirar a árvore de seus pensamentos, o menino procurou cada vez mais entrar em contato com seus coleguinhas da vizinhança, prestar atenção às brincadeiras, perceber como começavam e como terminavam. Observou as brigas, as alegrias, as tristezas e, principalmente, as diferenças. Percebeu rapidamente que nem todos eram seus amiguinhos, alguns iam sempre embora mais cedo e outros ficavam até o final e ainda queriam brincar mais. Às vezes, nos dias seguintes, alguns voltavam e batiam à sua porta para chamá-lo novamente para brincar; outros não retornavam. A árvore tinha razão: até os tipos de brincadeira eram diferentes. Não demorou muito para o menino começar a perceber que gostava mais de alguns coleguinhas que de outros, e achou aquilo muito natural. Lembrou-se de que a árvore havia lhe contado que, quando esse sentimento existisse, seria sinal de que ele deveria prestar mais atenção a essas diferenças, pois era por meio delas que as árvores cooperavam umas com as outras.

Certo dia, experimentou como era ficar zangado. Ele se chateou com um de seus colegas e sentiu raiva. Então novamente se lembrou da nova amiga e do que ela lhe havia dito sobre o "equilíbrio". Ainda sem saber muito do que se tratava, ficou a imaginar que aquele sentimento era verdadeiro, pois

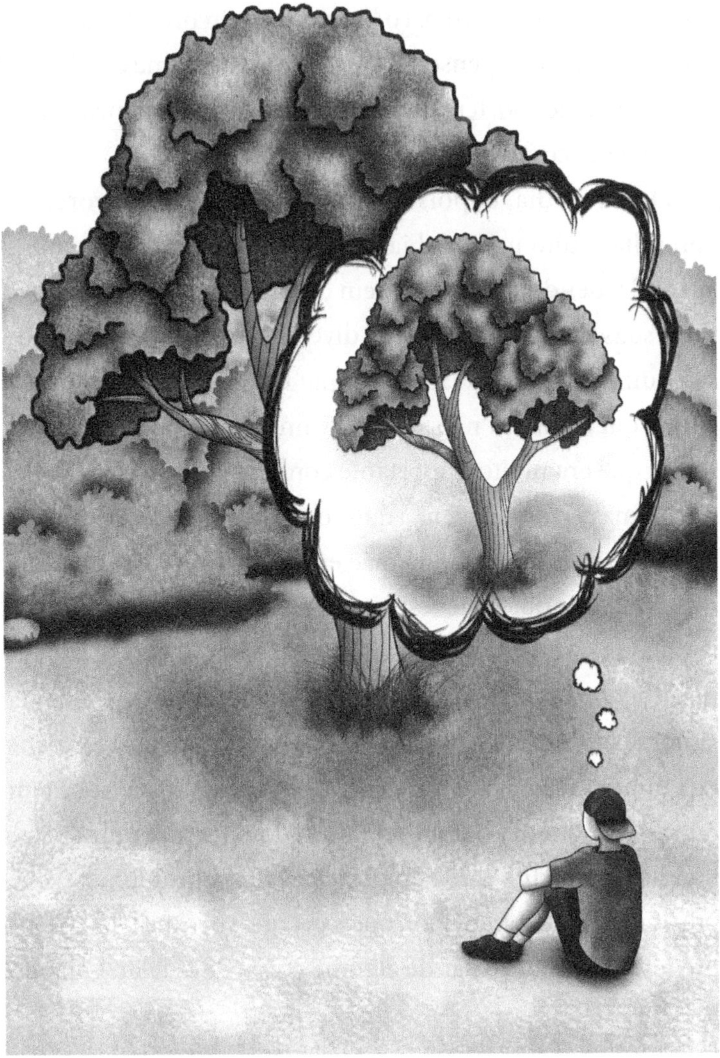

ele estava aborrecido. Alguns dias depois, no entanto, já havia passado, e quando ele se lembrou do sentimento voltou a pensar: "Como será que podemos nos equilibrar?". Logo se lembrou de quando seu pai o levara a um circo, onde havia um equilibrista, então pensou: "Já sei como posso me equilibrar! Vou fazer o mesmo: tentar entender melhor o que o meu colega queria e ver como as coisas podem melhorar".

Dia após dia, depois de seu contato com a árvore, ele aprendia muito mais. Sabia que confiar era a base para que suas relações de amizade fossem duradouras. Experimentava fazer suas próprias diferenças, divertia-se com as histórias de se equilibrar e, muito mais do que isso, estava aprendendo coisas que, embora não soubesse ainda em que as aplicaria, sentia que era muito importante conhecê-las já na sua idade.

Numa certa manhã, não quis tomar todo o seu café: apenas pensava em ir brincar. Sua mãe então lhe chamou a atenção, dizendo: "Por que você resiste a comer a fruta?". Ouviu aquela palavra, "resiste", e perguntou: "Mãe, o que é resistir?". A mãe lhe explicou que seria algo como "rejeitar", e ele disse: "Engraçado, eu tinha ouvido essa palavra, mas não sabia que eu também rejeitava... Sabe, não gosto dessa fruta, você tem outra?", perguntou o menino. "Sim, posso te dar outra, você não havia me dito que não gostava." E continuou:... "Você precisa se alimentar melhor, que legal que você me falou. Sempre que você não gostar de alguma coisa, deve falar. Quando

"Temos o mesmo nome de quando nascemos, mas não seremos a mesma pessoa o tempo todo. Mudamos."
(Paulo da Luz)

nos expressamos de maneira clara, as pessoas nos entendem melhor. Você sempre pode falar sobre você, seus gostos, suas escolhas, seus interesses e suas preferências".

O menino aprendia muito, e, com tantos ensinamentos, não via o tempo passar. Era como se precisasse consumir mais e mais conhecimento, experimentar todas as emoções. Tinha muita saudade de sua amiga árvore, mas estava muito ocupado e não via, até aquele momento, necessidade de ir encontrá-la. Mas tinha uma certeza em seu coração: sabia onde encontrá-la e, principalmente, que poderia contar com ela. Assim, passaram-se muito anos.

Proposição para refletir

Busque sua criança interior, ou mesmo projete-se em seus filhos/as ou netos/as, relembre a criança que você foi, quais foram seus aprendizados, junto com a formação de seu caráter e de sua personalidade, suas influências vindas do meio familiar, social, cultural e psicológico. É importante revisitá-las, especialmente se você pretende ascender a uma função de liderança numa organização ou mesmo ser líder de si. Suas felicidades, tristezas e ameaças poderão ser suas fontes de exploração sobre sua trajetória. Explorar essas reflexões pode nos apontar necessidades de complementação, de inclusão, de exclusão ou até de mudanças radicais, pois elas representam você, como você foi estruturado/a; são a base de como sua maneira de agir se manifesta, seu passaporte para a vida toda. Não costumo ver pais conversando sobre liderança com seus filhos e filhas, então proponho que acrescente mais esse conhecimento à sua família. Respire, sinta essas recordações e reflita.

Proposição didática

Nossa vida é vivida em etapas, ciclos; nossas respostas hoje são um reflexo de tudo que escolhemos e aprendemos e de como reagimos diante disso ou daquilo. A coisa mais certa é que mudaremos; então, é importante projetar ou planejar as mudanças. Isso é muito importante para nós, nossos filhos e as organizações, pois a essência da **liderança** será sempre proporcional aos investimentos que fizermos hoje e aos que tiverem sido feitos lá nos nossos primeiros passos. A aplicação dos conceitos da **gestão da mudança** pode ser um caminho para nos permitir rever o modo como executamos nossas tarefas e nossas ações de mudança, bem como a maneira como sugerimos que os outros as façam e, principalmente, para nos permitir repetir a vivência desses ciclos, ampliando a tomada de consciência sobre nós mesmos e sobre as consequências das nossas ações.

Essas reflexões nos farão amadurecer e ver nossas tomadas de decisão por diversos ângulos. Assim, seguiremos mudando, dando nossos próprios exemplos, internalizando as melhorias e potencializando uma corrente de humanização a fim de que as organizações-árvore sigam fortalecidas, com solo fértil, firmes, seguras, mineralizadas, úmidas e frutíferas para enfrentar seu processo de crescimento, promovendo condições de refletir sobre sua própria existência.

Proposição de vivência

Explore um pouco a conversa com sua criança interior... Relembre fatos acontecidos até seus 7 anos. Isso é muito importante para você investigar questões relacionadas à sua transformação de criança em adulto. A seguir, apresento alguns questionamentos que podem lhe trazer *insights*.

Tabela 1 — Exemplos de possíveis questionamentos: explore suas ideias

Área/localização	Conjuntura	Ambiente
Onde e como você nasceu?	Foi num momento em que...	Ouvia sempre um...
Como era a sua estrutura familiar?	No lugar havia...	No berço havia...
Você tinha irmãos?	Havia pessoas que...	Era próximo a...
Quais as imagens, os símbolos e as lembranças?	Era perto de...	Eu me alimentava junto a...
Até que nasceram seus primeiros dentes...	Havia alguns brinquedos que...	Qual o tamanho de sua casa?
Os primeiros passos...	Lembro-me da primeira...	Havia muitas coisas...
Como foi ir à creche?	Sempre via um...	O ambiente era limpo...

Como era o caminho/transporte para chegar e sair?	Chamava-me a atenção...	Sentava-me sempre...
Como via a primeira cuidadora?	Não me lembro de nada...	Gostava de ir lá...
Eu chorava sempre que...	... Era tão cheio de...	Nunca via meu...

Fonte: elaborada pelo autor.

Perguntas sugestivas

Explore reflexões que possam dar pistas de como você funciona:

- **Como são feitas suas escolhas?**
- **Como você se diferencia das pessoas?**
- **Como se mantém em equilíbrio?**
- **Como, quando e em quem passa a confiar?**
- **Resiste sempre quando...**

• CAPÍTULO 2 •

Organizações necessitam ter dimensões e formas

Haviam se passado alguns anos. Estávamos no outono, as folhas estavam sendo trocadas, as temperaturas estavam mais baixas e quase toda a floresta se preparava para, dali a algum tempo, receber o frio. De repente, a árvore se encheu de alegria: parecia que o menino estava vindo! O vento a teria avisado, mas algumas coisas haviam mudado. Ele crescera, estava um belo rapaz. A árvore perguntou: "Quem vem lá?". Tomada de alegria, ela sentiu a energia do menino e percebeu que a meninice já havia ficado para trás.

"Que bom que você veio", disse a árvore. "Nossa organização-árvore estava com saudade de você. O que nos conta? Você se divertiu muito? Tem amigos? Estamos curiosos para saber as novidades!"

"Que bom que ainda estão aqui", disse o menino, em um tom meio triste. "Desde a última vez que estive aqui muita coisa mudou. Hoje tenho muitos amigos, mas nem dou conta de todos eles: na rua, no colégio... na internet, então, nem se fala! Mas acho tudo muito chato. Meus pais insistem em saber o que eu quero ser quando crescer, qual será meu futuro, em que universidade irei estudar, qual carreira devo seguir. Estou muito confuso..." Um certo silêncio se espalhou pela floresta, e, muito simpática, a árvore lhe disse: "Bem, sabíamos que você voltaria, e isso é suficientemente bom para podermos conversar e trocar informações e ensinamentos".

"Estamos aqui para ajudá-lo. Você se lembra dos ciclos, ou fases, sobre os quais lhe contei? Você está mudando de ciclo: suas necessidades devem ser outras, é muito comum não sabermos o que fazer nem mesmo por onde seguir. Caminhos são sempre caminhos, mas saber o mais apropriado depende de tempo, respiração e reflexão. Posso chamá-lo de rapaz?", a árvore perguntou, astuciosa. "Bem, se é assim que você me vê, por que não? Aliás, minha família vive dizendo: 'Você já é quase um rapaz!'. O que tenho de certo é muito medo. Não gostaria de ser uma coisa só, não sei o que deixar para trás nem o que escolher daqui em diante, estou muito inseguro. O que você tem a me dizer, dona árvore?" E continuou desabafando: "É muito difícil escolher, cada um diz uma coisa. Meu pai pede para eu decidir; minha mãe, para que eu siga o que meu pai faz. Meus amigos acham que eu só deveria viajar, outros colegas acham que posso escolher estudar qualquer coisa, mas o que seria qualquer coisa? Eu me lembro dos ciclos, mas este está muito complicado: às vezes me sinto numa encruzilhada, não sei o que me espera nem sei se deveria seguir à esquerda ou à direita. Será que todo mundo passa por isso?", disse o menino-rapaz.

"Bem, estamos no outono", respondeu a nobre árvore, "e sabemos que virá um frio enorme pela frente, portanto, nossa organização-árvore sabe que precisamos nos acolher e definir algumas questões, posicionamentos e escolhas, pois vêm por aí tempestades, tempos mais difíceis. Nossas folhas caem e é exatamente quando nossos frutos são abundantes. Coisas muito diferentes acontecem ao mesmo tempo. Por falar nisso, que frutos você quer dar? Você também precisa se preparar para dar frutos, seja com seus estudos, suas escolhas ou seu destino. Qual a sua necessidade? Como quer ser visto?"

O rapaz pensou, pensou e revelou uma grande surpresa: "Eu quero ser dono do meu próprio negócio! Quero ter uma casa, dinheiro, um carro e um barco. Você teria isso para me dar?", perguntou, sem ter refletido muito sobre seu pedido. Amorosamente, a árvore começou a lhe responder e, pensando em seus esforços, afirmou: "Claro que podemos lhe ajudar. Se você quiser, poderemos lhe ceder nossos frutos, e você poderá vendê-los e ganhar algum dinheiro. Também poderemos cortar nossos galhos e nossos troncos, e assim você poderá ter seu barco e sua casa. O que acha?". "Bem, acho uma boa ideia, daria mesmo para eu levantar algum dinheiro, e com esse dinheiro eu transportaria os galhos e os troncos. Poderia fazer uma pequena casa e, com certeza, um belo barco, mas ainda seria pouco dinheiro... um carro costuma ser muito caro." Mas, de repente, ele pensou melhor e, assustado, perguntou: "Dona árvore, como vocês enfrentarão o frio? Como se balançarão? Não gerarão mais frutos? Se for assim, vocês estarão em apuros quando o inverno chegar".

"Então, rapaz", respondeu a árvore, "que bom que você pôde rapidamente refletir sobre isso. Algumas vezes a vida nos dá e em outras nos toma; essa é uma lei na natureza, no universo, acontece com tudo que está sobre a face da Terra. Mesmo aqui, nas organizações-árvore, ganhamos e perdemos coisas. E, mesmo no mundo dos humanos, alguns tiram coisas, e em outro momento doam coisas; é como se lidássemos permanentemente com um balanço de vida e de aprendizado. O primordial aqui é buscarmos soluções mais amigáveis, procurarmos nos relacionar pelo **ganha-ganha**, pela **cooperação**, pela **união**, pelo **compartilhamento**. Esse é um aprendizado. Nesse ciclo de vida em que você se encontra, as respostas não devem ser somente de ganhos pessoais (individuais), mas de ganhos grupais (coletivos). Sua maior aprendizagem será lidar com o coletivo."

A árvore prosseguiu: "Suba aqui, venha! Preciso lhe mostrar como é ver as coisas daqui de cima: nossos problemas, dificuldades e dúvidas. Em geral, nos acostumamos a olhar as coisas sempre do mesmo ângulo, da mesma maneira, da mesma direção, do mesmo lado, e, muitas vezes, as saídas, as descobertas, as soluções do que procuramos necessitam de 'distanciamento' para poderem ser realmente vistas em sua plenitude e, sobretudo, com isenção de nossos pontos de vista e de nossas certezas aparentes. Nem sempre as coisas estão do lado mais claro, do lado da luz. Há a importante escuridão, as sombras, e procurar no escuro, necessariamente, é mudar o modo como vemos as coisas, enxergar com outros olhos, buscar com mais finitude e perceber que descobertas muito rápidas também levam a saídas fáceis, que quase não geram aprendizado. Algumas mudanças são mais complexas, mas somente mudaremos se ressignificarmos o nosso olhar. Suba aqui e venha ver o que vejo".

O rapaz tomou impulso e começou a subir. Olhando para baixo, viu como se distanciava das raízes e como a paisagem que via ia ficando diferente. Outros sentimentos começaram a aparecer: estando muito alto, seria mais fácil de cair e ele estava longe da segurança de estar plantado na terra. Ele disse, então: "Nossa, é muito alto! Espere, tenho que procurar um lugar para me segurar bem". A árvore respondeu: "Sinto você e estou segurando você, confie... Apenas respire e observe por algum tempo".

Por um bom tempo o rapaz ficou contemplando a paisagem, vendo a planície e sentindo a árvore segurá-lo de um jeito maternal. Percebeu o balançar do vento, o cheiro das flores e dos frutos, e se percebeu, de fato, em outro lugar. A visão que tinha lá de baixo da árvore era completamente diferente da que tinha agora. Esta era mais abundante, mais poderosa, diferenciada e muito mais sábia. Era como se estivesse num verdadeiro deleite de amor, sentimentos e reflexões que nunca havia tido o prazer de sentir. "Estou muito leve, parece que daqui nada poderá me deter, destruir-me ou me sabotar. Como é diferente ver com outros olhos, nunca imaginei como seria ver a floresta daqui. Eu me sinto pleno. Árvore, você sente o que eu sinto?"

Ele estava estarrecido com a experiência, e a sábia árvore, com a voz bastante amorosa, disse-lhe: "Sinto você, sei como é estar aí, percebo suas emoções, seus sentimentos fervilhando e, principalmente, a sua energia, que muda e o conforta com novas opções, possibilidades e atitudes que necessitarão brotar para viver esse ciclo e avançar em novas estações". "Quero repensar minhas escolhas. Você me ajuda?", disse o rapaz, refletindo sobre as últimas escolhas e os desejos que revelara.

"Claro", respondeu a árvore, "vamos ajudá-lo, é assim mesmo, esse processo é complexo. Quando somos sementes e ainda estamos brotando também ficamos confusos, necessitamos de chuva, abrigo, nutrientes, espaço e muitas outras coisas para garantirmos nosso desenvolvimento, nossa dimensão e nossa forma. É dessa maneira que ocupamos nosso espaço no mundo. Os humanos também têm necessidades nesse ciclo: eu posso lhe dizer que, em seus próximos passos, você deve atentar para seus sentimentos e perceber como se projetam nas pessoas ao seu redor, mas saiba que as mudanças sempre começam de dentro para fora."

O rapaz estava no galho mais alto da árvore, mas disse: "Um momento, dona árvore. Quero descer. Preciso escrever, quero registrar tudo, tenho muitas decisões a tomar". A árvore aguardou que ele se posicionasse para retomar a conversa.

"Diga para mim, estou pronto. O que devo fazer?" A árvore tomou fôlego, sacudiu suas folhas e respirou de modo a conectar sua energia com a do rapaz, pois sabia que, embora sua experiência não fosse uma resposta definitiva para as questões que ele trazia, ela poderia ajudá-lo. Então disse: "Nossos aprendizados e reflexões, em geral, começam no nosso interior, amadurecem e depois são compartilhados com todos que nos rodeiam. Assim, afloram no mundo e passam por julgamentos. É importante você saber como as pessoas o veem, como você se vê e como acha que é visto. Este é o primeiro item a que você deve se atentar: sua **autoimagem**; devemos avaliar qual é o impacto que causamos às pessoas e ao mundo. Em segundo lugar, devemos perceber que somos nós mesmo que nos autorizamos a viver: é a **autoridade**. Tome sua vida pelas suas próprias mãos e sua certeza lhe definirá; lidere suas mudanças. Nesse momento, ser responsável pelas suas escolhas e sustentá-las será fundamental, pois nossa segurança é nossa maior defesa. Em terceiro lugar, você não deve se precipitar. Perceba que há uma ordem no universo, uma **sincronicidade**. Finalmente, em quarto lugar, desenhe seus **objetivos**, marque o ponto aonde quer chegar. Isso não precisa ser definitivo, é algo que você irá ajustando à medida que caminha".

"Vamos lá, dona árvore, fale-me mais coisas, sempre gosto de ouvi-la." "Penso que você poderia começar ampliando seus conhecimentos sobre você mesmo. Como você se vê? Qual é a sua autoimagem? Como as pessoas veem você? Você quer ser um líder? Se sim, necessitará ser, em primeiro lugar, líder de si mesmo: precisará ter generosidade, compaixão, justiça e ética, já ouviu falar disso? Além disso, aprender a conviver em comunidade, trabalhar pelo bem comum, conquistar seus espaços, ajudar os outros a sustentarem os seus e viver em regime de coletividade nos leva a respostas sobre nossos esforços, nossos resultados e o impacto de nossas ações no mundo à nossa volta."

Quase atropelando a árvore, o rapaz respondeu rapidamente: "Na tal da universidade parece que ensinam sobre isso! Você já esteve na universidade? Se tenho que aprender tudo isso... devo entrar lá." "Sim", respondeu a sapiente árvore, "todos nós fomos também um dia para a 'universidade'; nosso processo de aprendizagem é um pouco diferente do seu, mas todos, em nossa organização-árvore, aprendemos a nos conhecer melhor e tiramos dessa lição os valores para estabelecer relações, comunicar-nos e cooperar uns com os outros. Sobre essas bases, nossas raízes podem se entrelaçar no fundo da terra e gerar resultados."

"Os humanos têm uma extraordinária capacidade: **comunicar-se**; e trabalhar essa competência já será uma enorme base para os relacionamentos, mas a operação da comunicação nos parece ter duas vertentes: uma é que o conteúdo da mensagem pode ser verdadeiro ou falso; a outra é que a intenção do processo pode ser amor ou desamor. Essas duas vertentes podem se interligar de diversas maneiras, e, se a soma das intenções for 'mentira com desamor', muito dificilmente a comunicação se estabelecerá. Ao contrário, grande parte dos conflitos terá suas bases entrelaçadas numa comunicação completamente desvirtuada. Diversas são as oportunidades que temos de nos preparar para realizar um contato, pois dar uma orientação ou explicar algo a alguém exige preparação. Mas, às vezes, é estabelecida na comunicação a 'verdade com amor': isso quase aconteceu conosco quando você declarou seus desejos, pois não havia pensado de modo aprofundado, embora, naquele momento, você acreditasse que aquela era a sua verdade... mas não era tão consciente o que você desejava, não é?"

"Nossa, como você me ensina!", exclamou o rapaz. "Verdade, eu não havia pensado com clareza e consciência nas coisas, então falei o que me veio à cabeça. Como isso é possível?" A árvore, usando a força de sua generosidade, explicou: "Sim, você falou o que estava pensando, mas não se culpe. Esse processo é sempre assim. Nós também lhe respondemos com prontidão. Mas confesso: foi para buscar sua reflexão. Estamos no campo das possibilidades, contudo, mais adiante, em outros ciclos, nossas relações irão se tornar mais complexas, maduras, definitivas. Sua adolescência ficará para trás, e sabemos o quanto isso é necessário para se aprender neste ciclo".

A árvore continuou: "A comunicação é a base de uma liderança, nossa capacidade de **liderar** a nós mesmos vem do entendimento de como interpretamos nossos sentimentos, de quanto cooperamos uns com os outros e de quanto harmonizamos de modo inteligente o que nos falta. Não nascemos com todas as qualidades, precisamos humanizar as relações exatamente para buscar nelas as diferenças que nos fazem inteiros, as partes que nos faltam e a complementação que nos leva a reconhecer nossos acertos e erros. Na natureza tudo que nos cerca nos complementa — os rios, os ventos, a sombra, a luz, as aves, os animais, os homens. Essa verdade deveria estar sempre visível a todos os seres do planeta. Isso muda o destino, reconstrói caminhos e refaz a vida".

Nesse momento, a árvore, muito contemplativa, pediu ao rapaz para fazer uma espécie de balanço, perguntou-lhe se tinha cordas e disponibilizou seus galhos, seria meio improvisado, porém uma estratégia para ficar um tempo a mais com ela. Era tempo de pensar e refletir. Sempre que possível, é bom esvaziarmos a mente para que ela possa se encher de novas ideias, pensamentos e propósitos, assim como seria tomar fôlego antes de seguir adiante. Por falta desse hábito, às vezes corremos muito, saímos em disparada e perdemos a paisagem, não vemos o que é mais interessante nem aproveitamos o deleite de coisas pequenas, que podem fazer toda a diferença por serem belas e amáveis conosco, colocadas ali para nos fazerem um grande bem....

Após algumas horas, a árvore perguntou ao rapaz: "Você está bem?". Recostando-se na árvore, relaxado, ele se deixara levar pelo silêncio. "Sim, estou aqui. Dei um cochilo. Este lugar é sagrado, não é? Aqui tudo parece combinar e se equivaler. Os sons existem, mas não atrapalham, as coisas acontecem e não nos incomodam, ouvimos pássaros e caminhadas, mas elas não nos interrompem. É sempre assim?"

"Meu rapaz", respondeu a árvore, "a chave para isso é perceber a importância de uma espécie de ordem no universo chamada de **sincronicidade**, que existe em tudo o que nos cerca. É uma benção para que possamos coordenar nossa distribuição de alimentos, nossa água e nossos minerais no solo. Há uma ordem no universo: o sol não nasce antes da hora, tampouco a chuva cai quando desejamos, as flores têm suas nuances e, por mais belas que sejam, obedecem a seus próprios tempos e podem brotar sem ser vistas ou mesmo no meio de uma multidão. A vida segue um curso e ele precisa ser sagrado: não devemos tentar antecipar algo que ainda virá. Você entende o que quero dizer?", perguntou a árvore, preocupada com o entendimento daquele "menino-rapaz". Ele respondeu muito rápido: "Entendo, sim, meus amigos às vezes me perguntam o que fazer e alguns não topam fazer o que combinamos. No mundo dos humanos, este parece ser um desafio: cada um quer ir para um caminho diferente e sempre rápido demais".

A árvore refletiu e replicou: "Seja bem-vindo às organizações-árvore. É exatamente assim que funcionamos: os ventos podem trazer todo tipo de novos amigos, mas chegam também ervas daninhas, e precisamos lidar com elas. Isso faz parte de nosso trabalho comunitário. Assim como na natureza, as pessoas também são diferentes entre si, e por isso podem e devem cooperar".

"Você deve buscar vencer esses desafios que aparecem logo nos primeiros momentos em que encontramos os amigos, os colegas, até mesmo os parentes, e iniciamos o ciclo das relações. Este é o começo de tudo: nas relações podemos exercitar nosso 'sistema de convivência' e travar verdadeiras lutas diárias, tentando entender, compreender, dominar e até decifrar como os humanos agem, reagem e se comportam. Às vezes, essas disputas se tornam uma espécie de conquista pessoal diante das inúmeras diversidades, que pode nos parecer estranha, mas traz grande felicidade, pois passamos a exercitar e a experimentar infinitos papéis e poderes. A individualização é uma característica forte, mas o coletivo será sempre seu grande desafio. A possibilidade de se colocar no lugar do outro é uma qualidade singular em sua espécie. A **vivência múltipla de papéis** lhe permite ser a cada dia mais humano. Nós, nessa frondosa e profunda floresta, não temos essa qualidade de espírito e de alma. Seguimos o curso e o vento nos traz sempre notícias, as águas matam a nossa sede e os frutos e flores nos dão a certeza de que estamos no caminho certo. Mesmo assim, após uma afortunada chuva ou um fortíssimo vento, nós nos elevamos para ver o que a força das águas nos causou. Ela é prodigiosa, mas pode nos causar estragos, assim como o vento, que promove a polinização, mas pode quebrar-nos ao meio se não formos flexíveis. Essa é uma lição importante para você."

Ainda como se resistisse, o rapaz se indagou em voz alta: "Mas então tenho que escolher ser alguma coisa? Não sei como escolher. Nem sei quem eu sou. Preciso ter uma profissão, um propósito? É isso? Como ser uma coisa ou outra? Tudo isso ainda é confuso para mim". A árvore lhe disse: "Vou lhe fazer algumas perguntas, preste atenção e reflita antes de responder. Se você fosse uma árvore, qual escolha faria: desejaria ser uma árvore bem alta ou bem baixa? Com muitas frutas ou só com flores, ou mesmo só com folhas? Com o caule bem forte ou bem flexível? Com uma grande e notória copa ou, quem sabe, ser uma trepadeira? Viver à sombra ou à luz? Todas essas escolhas são importantes para nós, e de cada uma delas derivará uma série de dores e amores diferentes". Após ouvir tudo isso, o rapaz perguntou: "Como, então, escolher entre tantas belas coisas? Vocês escolheram ser o que são?". Mas, antes que a árvore respondesse, concluiu: "Fico feliz pela reflexão, agora entendo que preciso escolher ser algo que me defina, algo que me represente, claro, olhando meu futuro. Entendi! Tenho um longo caminho a percorrer, pois sei que posso buscar ser muitas coisas, mas tenho inspiração para fazer essas escolhas". A árvore respirou bem fundo e disse: "A maior diferença entre os minerais, os vegetais, os animais e o homem é a escolha; nós, árvores, teremos de nos contentar com o destino, como a maioria dos outros seres na natureza. Somos complementares, mas estamos sempre participando de uma coletividade. Já a 'criatura humana' pode mudar, pode escolher, pode ser várias coisas. Por isso, sua vida lhe permitirá muito mais generosidade e amor. Quando você me conheceu, naquele verão, umas das coisas que eu lhe disse foi: 'Você fará escolhas, e isso será muito diferente e importante para você'. Essa será sua nobre missão. Faça acontecer".

Proposição para refletir

Busque sua orientação interior dentro de sua alma, perceba como você é. E, em seu exterior (nas pessoas, nas coisas e nos objetos), perceba como tratam, representam, reconhecem e chamam você. Em nosso entorno, há muitas dicas de quais os caminhos a seguir. No seu mundo exterior, pergunte-se quem você "segue", o que gosta de ver nas pessoas e nas organizações. E, dentro de si, faça uma lista de coisas que combinam com você, analise os conhecimentos que você já tem e aqueles que precisa adquirir. Procure o que está disponível, ao seu alcance. Antes de "querer ser algo", "experimente ser algo", observe o que a universidade da vida lhe propõe. Busque sentir e perceber suas escolhas, a pressa não deve atrapalhar você. Construir sua autoimagem é tão importante quanto construir seu autoconhecimento. Respire e reflita sobre essas recomendações.

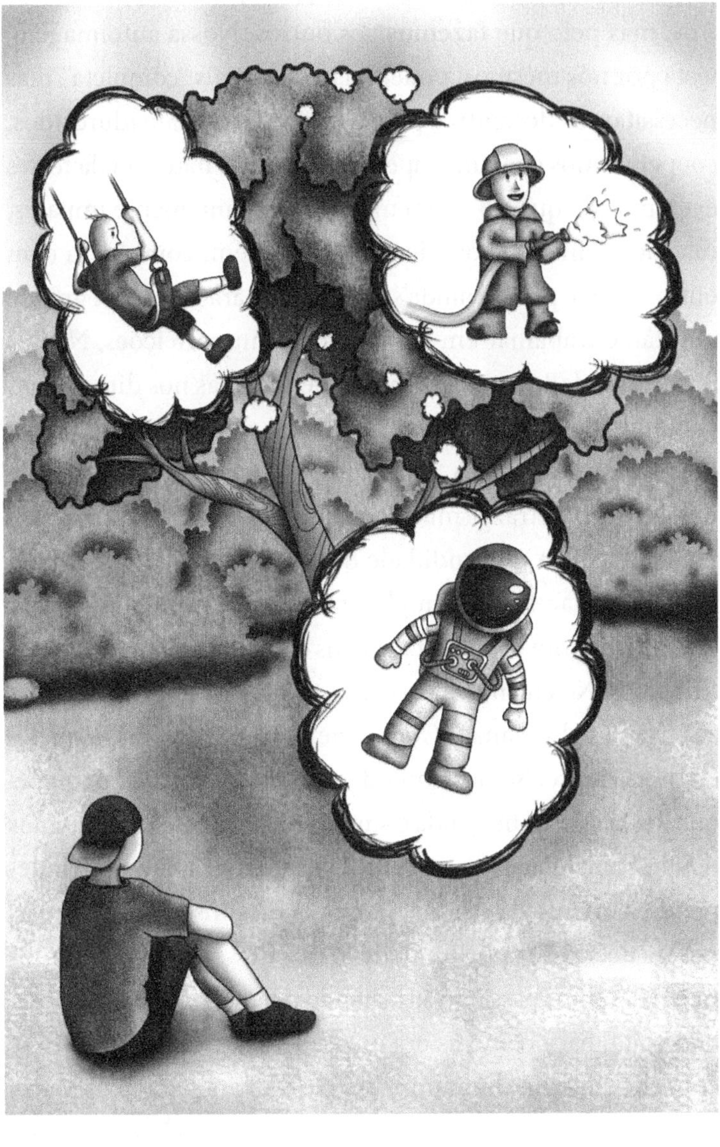

Proposição didática

Nossas ações serão medidas não pelo que **falamos** aos outros, mas pelo que **fazemos** aos outros. Nossa autoimagem, vista por nós mesmos, poderá não ser a mais "completa", mas necessitamos dos outros para aperfeiçoá-la e, amadurecidos, cooperaremos com um papel no mundo. A natureza dá fortes exemplos de quanto também somos genuinamente ímpares, mas nossa missão complementará alguém, combinará com outros seres e poderá ainda ser exemplo para muitos. A grande questão é trabalhar em equipe nossas imperfeições. Nossas individualidades e nossas interdependências nos direcionam para um grande aprendizado diante do outro, principalmente dos que ignoramos. A aplicação do conceito de **"gestão de pessoas"** pode trazer muitas pistas, desde o seu desinteresse pelo tema até a profundidade que precisamos alcançar para nos relacionar. Parece simples, mas ainda tropeçamos nisso, que se configura como a etapa mais complexa no caminho que trilhamos. No entanto, nada como a fantástica experiência com as "criaturas humanas". Com certeza, tropeçaremos naqueles com quem precisamos aprender, vamos nos apoiar naqueles que nos darão muita ajuda e simplesmente passaremos menos tempo com aqueles que amamos. Na natureza humana (independentemente da idade), a tomada de consciência sobre as nossas decisões, oportunidades e escolhas nos dirá quem somos. Os ventos passarão, arrastando o tempo... Ele é precioso, não volta. Faça como as organizações-árvore: comunique-se com ele, dialogue, humanize-se. Ele o levará para mais longe.

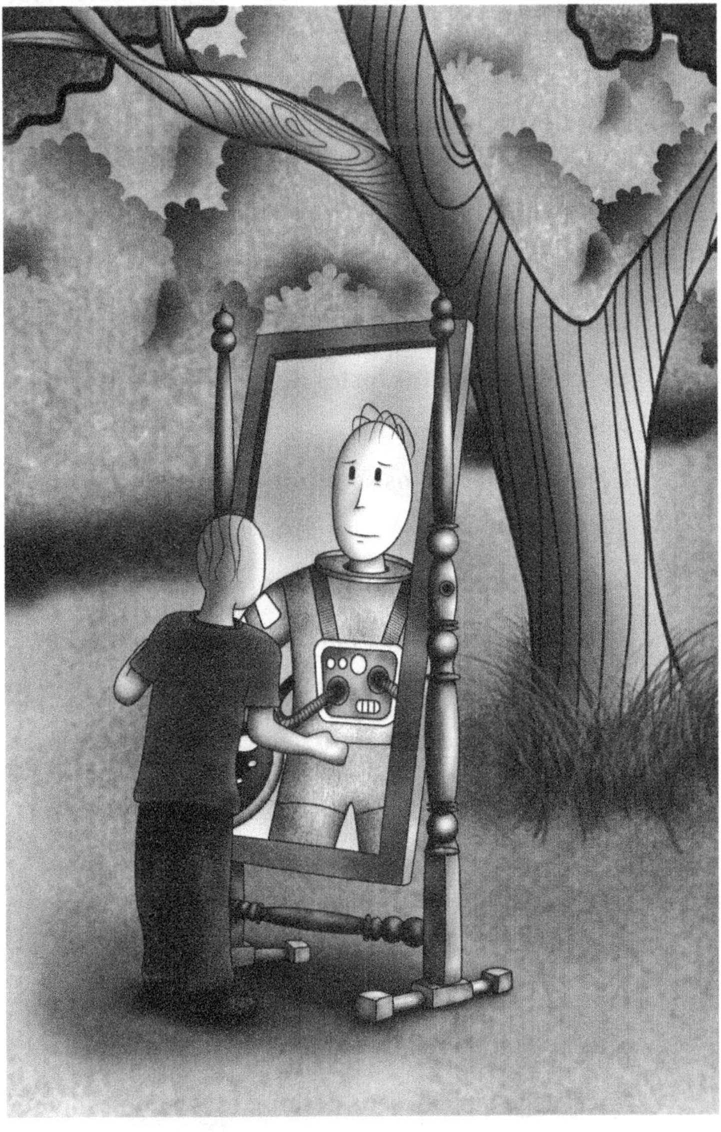

Proposição de vivência

Reflita sobre como foi sua adolescência... Relembre fatos acontecidos entre seus 7 e 14 anos. Nesse ciclo, descobrimos nossos guerreiros/as, nossos super-heróis. Esses modelos que idealizamos nos apontam tendências ou *insights* para entendermos questões de como nos tornamos adultos.

Veja a seguir uma relação de questionamentos para inspirar você.

- **Como você percebe sua autoimagem?**
- **Descreva os pontos fortes de seus ídolos ou figuras estimadas.**
- **Compare-os com os seus pontos fortes e analise: o que lhe falta.**
- **Como você acha que se processa a sua comunicação?**
- **Em casa, com os seus pais, eles entendiam você? E os seus colegas?**
- **Você se percebia liderando seus colegas ou as pessoas à sua volta? Como você vê isso?**
- **Como você toma decisões?**
- **Como costuma ficar: mais sozinho ou mais rodeado de pessoas?**
- **Como percebe as coisas que lhe acontecem? Você percebe nelas uma relativa ordem, uma sincronicidade?**
- **Você elege ou lista seus desafios? Ou simplesmente vai "levando a vida"?**

• CAPÍTULO 3 •

Organizações precisam respirar e gerar frutos

Era inverno, tudo estava muito gelado, uma camada fina de geada embranquecia as árvores, as folhas e os caminhos. Dentro de um frio intenso era custoso até caminhar, quase não se enxergava a floresta, as nuvens escurecidas anunciavam chuva, era difícil para qualquer criatura se localizar. Estava complicado enxergar os caminhos, as trilhas desapareciam pela manhã, a paisagem se modificava e o cenário era complemente outro. Quase não se ouvia o som dos pássaros; os rios estavam gelados, festa mesmo só para as trutas. O vento se assemelhava a lobos uivando, trazendo a lembrança de que o recolhimento era fundamental, era o passo decisivo para amadurecer e aguardar a temporada da primavera. Era uma fase de muito aprendizado, experiência e sobrevivência. A árvore se perguntava: "Por onde andará aquele rapaz?". Suas lembranças ainda se misturavam: aquele menino que se espantava com tudo e aquele rapaz que saíra de lá para se tornar um homem.

As organizações-árvore, nesse período de recolhimento e espera, aproveitam para se organizar, traçar planos e implementar estratégias, além de utilizar com moderação suas energias, pois o inverno é longo e esse aprendizado é muito importante para a sua sobrevivência. Saber utilizar seu estoque acumulado de energia e nutrientes é uma ciência que equilibra o fortalecimento com a preservação. Após esse ciclo, as organizações-árvore sabiam que poderiam se fortalecer e se expandir. Esses momentos sábios da natureza, de recolher-se e avançar, são muito similares aos movimentos da vida dos humanos.

Era um dia muito calmo. Os seres da natureza estavam recolhidos, algumas árvores pareciam vergadas, também abrigavam animais e ninhos, e, em suas raízes, mais aquecidas, também esquentavam alguns animais. Outros saíam para caçar e sabiam onde localizar suas refeições. Era mais um ciclo de vida e de aprendizagem. Mas havia uma árvore com uma certa preocupação, afinal, nesse ciclo alguns perigos podem se tornar mais iminentes, e, como sabia que aquela estação era longa, ficava sempre pensando em seu grande amigo. Os instintos de sobrevivência estavam mais aflorados, todos estavam prontos a entrar em ação para ajudar alguém ou prestes a serem ajudados. A natureza conhecia muito bem os caminhos de preservação e de sustentação da vida.

A árvore sabia que seu parceiro vento não a ajudaria com muitas notícias, então só havia uma maneira de descobri-las: esperar. Nesse quesito a natureza nos dá muitos exemplos e oportunidades de aprender a coisa mais complexa na vida dos humanos: a espera. A ansiedade, a correria e a falta de paciência são sempre grandes armadilhas. Mas a árvore sabia, no fundo de seu coração, que se o rapaz precisasse saberia como chegar e seria muito bem recebido. Sua espera era inteligente e firme, pois ela deveria estar preparada para acolhê-lo, o que já estava fazendo com todas as vidas em seu entorno.

Um homem então se aproximou. Parecia cansado, mas estava bem agasalhado, carregando uma mochila pesada e parecendo meio confuso; será que estava perdido? Não, pela pisada forte que a árvore podia sentir por suas raízes, parecia se tratar de um viajante que sabia aonde queria chegar, que tinha energia para simplesmente passar pela floresta e seguir seu caminho de descobertas. Desafiar uma floresta naquele tempo era muita coragem, principalmente para as "criaturas humanas", sabedoras de que seus esforços teriam que ser redobrados, e seus movimentos, muito cuidadosos. Porém, para os desbravadores corajosos, insistir no caminho poderia conferir troféus e glórias. Por isso, mesmo cientes de que o perigo poderia surpreendê-los, seguiam adiante, lutando e vencendo a si mesmos, sabendo que ao ultrapassar seus limites se reconheceriam como fortes e vitoriosos e fariam as mais belas e imprescindíveis descobertas. Seus novos limites, suas novas aprendizagens, esses seriam sem dúvida suas moedas de troca ao contarem suas aventuras por caminhos inimagináveis.

O homem parou e, olhando uma bússola, disse: "Dona árvore? Você está aí? Sou eu!". Como de costume, continuou falando em voz alta: "Será que me esqueceu? Estou há dias tentando encontrá-la... e nada. Conheço esta floresta como a palma de minha mão, mas acho que estou andando em círculos. Como você está?". "Nossa", exclamou a árvore, "conheço essa voz, mas você está irreconhecível. Tire essa capa para que eu possa ver melhor o seu rosto..." O alívio de estar no lugar certo fez aquele homem se jogar aos pés da árvore, de tanto prazer e emoção. Mesmo sentindo muito frio, a alegria de ter encontrado sua grande amiga era enorme.

"Você está muito branquinha também, quase não achei você... Tenho muitas novidades, andei por muitos lugares, vi coisas muito boas e outras nem tanto... Sabe, a vida é longa, mas quando me vejo aqui, falando com você, parece que foi ontem que saí deste lugar. Você está bem?", perguntou o homem.

"Sim, seguimos o curso, havia mais de dez invernos que você não aparecia, ficamos bastante curiosos. Por aqui algumas coisas mudaram também, outro dia umas pessoas passaram por este lugar, desejando cortar as árvores. Ficamos muito preocupados, mas estavam com tanta pressa que nem pararam aqui. Mas me conte, quero saber tudo o que você fez. Você se formou, terminou a universidade? Deve ter sido tudo muito interessante. Tem novos amigos? Achamos que você nos traria visitas. Falou de nós? Não quebrou o nosso segredo?" E, como se fosse uma ventania de inverno, não parava de perguntar...

O menino, que já era um homem, estava muito cansado e pediu para armar uma pequena barraca e dormir um pouco. A caminhada havia sido longa demais e ele queria descansar. Ela apenas o agasalhou e, como se estivesse com um filho nos braços, cuidou para que nada o importunasse, deixando que o cair da tarde se fosse e a noite chegasse com seus segredos e magias.

A árvore não se cansava de olhar o tamanho do homem, seu rosto, e não parava de pensar nas histórias que ele haveria de lhe contar. Ele teria tido muitas surpresas? E as escolhas? O que será que ele teria escolhido ser? A árvore achava que não conseguiria dormir, gostaria de penetrar nos pensamentos dele e saber logo tudo, mas aquilo não era possível. Com a inteligência das organizações-árvore, ela sabia que tudo segue um ritmo, um tempo de espera, aquilo era algo que ela conhecia bem, às vezes rodeada pela natureza, às vezes sozinha, esperando por alguém para conversar, ela sabia que aquele era um momento de pura contemplação.

Os primeiros raios da manhã se anunciaram. Ele havia dormido a noite toda e agora despertava. "Bom dia!", disse a árvore, delicadamente, e ele respondeu: "Nossa, dormi demais, não posso dormir tanto, tenho muitas coisas para fazer". "Você aceita frutas?", perguntou a árvore, meio ansiosa para saber das coisas, mas cuidadosa para não apressar nada.

"Claro, tenho fome, também tenho coisas aqui na minha mochila, mas nada que possa lhe oferecer... Bem, terminei a universidade, sou formado em engenharia florestal, servi a uma organização na universidade e tenho muitos planos. Aprendi que tenho que ser produtivo, responsável, e que os desafios não param de chegar. Venho conquistando muito espaços, pessoas e coisas, não estou mais morando com meus pais, mas ainda não tenho nada meu. Não conte a ninguém: ainda recebo mesada todo mês e vivo fazendo 'bicos'. Você sabe o que é isso? São pequenos trabalhos, eu ganho um pouco de dinheiro e em troca ajudo algumas pessoas e organizações."

"Organizações?", questionou a árvore. "Você já é uma organização-árvore?"

"Não. Conheço seus ensinamentos, mas nossas organizações não são tão generosas, não sei se você entenderia. Muitos querem apenas ganhar dinheiro, tratam as pessoas como números e não garantem tudo o que a lei determina que precisa ser oferecido. Nossas práticas organizacionais são muito diferentes daquilo que você me contou. Por vezes, pensei até em ser uma árvore, talvez fosse melhor. Falei disso com amigos e donos de organizações, e eles, em geral, riram das minhas comparações. Mesmo na universidade, é como se estivéssemos apostando o tempo todo, há sempre muita urgência no dia, e, no dia seguinte, já não se fala mais na urgência do dia anterior, e sim em outra urgência. Sabe, há muito sofrimento por parte de algumas pessoas e alguns líderes. As mudanças ocorrem sem que ninguém perceba, e em geral na calada da noite."

"Como assim?", perguntou a árvore, preocupada. Ele deu uma risada, pois havia usado a expressão "na calada da noite", que ela provavelmente não conhecia. Então explicou: "É uma expressão para coisas que as pessoas não dizem, não compartilham. Sei que aqui na floresta as noites são para nos recompensar pelos esforços do dia, trazendo-nos sonhos e ideias. No nosso mundo, há a chamada 'tecnologia', algo que nos impulsiona, encurta distâncias e acelera as descobertas, mas ao mesmo tempo nos aprisiona, influencia-nos e nos subordina. E nós, humanos, atônitos, vivemos correndo atrás dela. Cada pessoa tem um computador e, muitas vezes a distância, realiza comandos, entregas, gráficos e tarefas, organizando dados em bancos de memória e planilhas, gerando mais e mais informação, verdadeiros bancos de inteligência, que nos retornam mais informação ainda e novas demandas. É muito confuso".

"E as outras criaturas humanas, elas ajudam você?" "Bem, isso é outra coisa, encontrei muita gente boa e bem capaz de ajudar, mas nem sempre é possível. Cada ser humano tem as suas responsabilidades, costuma fazer a sua parte, ou, no máximo, privilegia ajudar os seus. A ajuda é dada por afinidade com um grupo ou por parentesco, mas fazer o bem a todos não é um valor para as pessoas. Quando observei isso, sem compreender, lembrei-me de você, desta floresta e da capacidade de cooperação mútua que conheci aqui. Sempre busquei fazer a minha parte, e incansavelmente buscava fazer os outros humanos refletirem sobre outras maneiras de cooperar. Mas é tudo tão complexo, fala-se em subordinação o tempo todo, há um ditado que diz: 'Manda quem pode e obedece que tem juízo'. Às vezes, isso é bem cruel. Quase nada tem muita sequência, ninguém percebe se existe sincronicidade ou não. Quando se muda um líder, tudo muda, até as pessoas, que às vezes são colocadas em outro lugar dentro da organização ou até são 'convidadas' a se retirar, por mais que estivessem nutrindo a organização! Não existem elementos como raízes, caules, folhas e frutos, tampouco o vento chega com notícias. A terra parece árida; o solo, quando não tem dono, tem doenças. A partilha é feita por julgamentos, muitas vezes pessoais, e a chuva não apenas molha: alaga tudo e carrega muito lixo. Bem, voltei aqui porque novamente estou muito confuso."

A árvore então disse: "Eu estava querendo ouvir outras histórias… Vejo que você fala de outra natureza. Meu entendimento é muito pequeno, mas estou triste, então vou consultar as organizações-árvore para tentar entender e saber como aconselhar você. Você ainda ficará um pouco mais por aqui? Fique conosco, o tempo não está tão bom para a caça, mas a pesca está farta. Alguns lagos, embora parcialmente congelados, têm grandes corredeiras e estão repletos de peixes. Anime-se; tudo na vida tem seu lugar. Percebo que os valores aqui ensinados não estão garantindo sua formação e sua estruturação; por isso, é essencial pensarmos bem no que sugerir a você. Por mais densa que seja a mata, alguns ingredientes não podem faltar: fé, oração e determinação. Todas as organizações-árvore sabem que precisam de seus filhos, que necessitam valorizar a vida para seguir em frente, que precisam da colaboração entre seus membros de modo a gerar frutos para compartilhar suas missões pelo mundo".

O homem sabia que aquelas eram palavras muito reconfortantes. Mas quais seriam os novos ensinamentos e como ele juntaria forças para retomar a luta pela sobrevivência? De fato, o dia estava muito bonito, as corredeiras eram convidativas e o inverno era um tempo de se recolher, pensar e gerar novas ideias.

O homem se dirigiu ao lago, e a árvore, com voz doce, disse a ele: "Não vá muito longe!". Um filho nunca cresce ao olhar de uma mãe, e embora as organizações-árvore não sejam mães, esse sentimento de pertencimento pode ser animador. Mesmo que saibamos que as relações devem ser preponderantemente racionais, as emoções têm seu lugar para que não nos tornemos duros diante das dificuldades e dos julgamentos; o pertencimento aproxima as pessoas, chama-as para uma visão de futuro e, se as organizações se apropriassem desse conceito de organizações mais ecológicas, mais inclusivas, todos sairíamos ganhando, além de aumentar a reciprocidade, provavelmente, produziríamos muito mais. Seria muito bom que as organizações, como são instituídas hoje, pudessem aprender com as "organizações-árvore".

Aquela floresta já não era mais a mesma. Direto da sabedoria das árvores, uma grande reunião acontecia, marcada por suas comunicativas raízes. Muita movimentação, muita conversa e um vento estranho, que não passava pelas copas frondosas, mas rastejava sobre os caules, como se quisesse tocar as raízes, varrendo folhas e aquecendo a terra abaixo das camadas de gelo. Esse vento era de uma revolução, um chamado, aquele homem precisava de ajuda e, para as organizações-árvore, o problema de um é o problema de todos.

Ao chegar ao lago, o homem se sentia protegido, era uma sensação de que outras árvores também estavam cuidando dele. Havia uma grande força, uma forte energia que se multiplicava em pensamentos, sensações e vigilância. Então, aquele menino, hoje já um homem, sentou-se à beira do lago e pensou: "Nossa, como irei pescar?". Olhou para os lados: não havia vara, linha, arpão, muito menos iscas. Como chegaria aos peixes? Pensou, refletiu e, então, percebeu que talvez não estivesse ali por acaso, e não deveria ter sido por acaso que a sábia árvore sugerira que ele fosse pescar.

Sua imaginação começou a fluir e, como se estivesse no modo de sobrevivência, pensou: "Tenho que me superar para poder encontrar esses peixes, encontrar a possibilidade de ter êxito na minha própria missão". Tomado de entusiasmo, ele começou a observar o lago, seu contorno, sua forma, perceber as curvas, o volume d'água. Não tinha pressa: lembrou-se de que, diversas vezes, a árvore o tinha ensinado a respirar, refletir e pensar, pensar e pensar. Então, resolveu ficar observando em silêncio, tentando ver além do que a vista lhe proporcionava. Buscou uma posição que lhe permitisse ver mais longe, mais distante, mais atento às possibilidades.

Respirava pausadamente, inspirava e expirava, por várias vezes e, de repente, percebeu que as águas tinham forças dentro delas, profundidades diferenciadas, às vezes fluindo com mais rapidez; outras, de forma mais lenta. Imaginou por onde os peixes deveriam passar, em que lugar seria mais fácil encontrá-los, lembrou-se de coisas que aprendera. Então alcançou um pequeno galho caído por perto e, usando sua pequena faca, de seu kit de sobrevivência, afiou uma ponta desse galho. Voltou a contemplar não um peixe, mas as águas e, novamente, sentiu seu curso. Então, logo após conectar-se ao fluxo, ele viu um peixe descendo o rio tranquilamente, dando ao homem tempo para contemplá-lo e fisgá-lo. A sensação que tinha era de que a natureza o teria enviado para saciar a sua fome. Então gritou: "Nossa, é meu!". Que espetáculo! Ele sabia que estava vivendo uma experiência fantástica, uma tarefa com propósito, com necessidades, com sentimentos, com certeza de que era dele, sem a sensação de tirar algo de alguém ou mesmo de que poderia fazer falta. "Uau, entendi! Assim será na vida. Por essa experiência eu não esperava! Não vejo a hora de contar à árvore. Aliás, será que ela não está por aqui?" Na dúvida, ele voltou, acendeu uma fogueira de modo natural, saboreou seu ganho de forma singular e compreendeu a lição.

Após se deliciar, ele foi chamado novamente pela árvore para conversar, e ela lhe disse: "Andei refletindo sobre suas experiências e sobre os nossos entendimentos aqui na floresta, mas antes queria conversar sobre como foi sua tarde. Como foi sua pescaria? O que aprendeu hoje? Como você está se sentindo?". Ele sabia que ela queria saber o que aprendera, mas preferiu lhe perguntar mais diretamente: "Dona árvore, você quer saber como encontrei o peixe? Como foi a pescaria?". "Sim. O que aprendeu?"

"Puxa! Estou pasmo e, confesso, muito surpreso com a minha conquista. Vivi uma experiência muito além das minhas expectativas, porque rapidamente percebi que tinha um problema, estava desanimado, despreparado e quase imobilizado, pois pensava só na dificuldade. Mas, como num passe de mágica, inverti a energia, mudei a estratégia e, inspirado por tudo que há aqui, fiz muito diferente: respirei fundo e, como se tivesse planejado, fui articulando ideias e pensamentos positivos, como se tudo tivesse sido cuidadosamente projetado para que eu pudesse ver e perceber o peixe chegando. Tive um resultado vencedor: era como se eu compreendesse além do que era visível. Entendi rapidamente que sou eu que tenho a força de resolver minhas próprias dificuldades."

A árvore lhe disse então: "Esse foi o seu resultado. Sua missão estava clara, seu propósito estava definido e você venceu as barreiras que precisava vencer para chegar lá. Hoje, como homem adulto, é preciso ter em mente que seu maior inimigo será você mesmo; por isso, ter **uma missão**, **um propósito** e **uma estratégia** o levará à sua condição de vencedor. Você estará muito mais preparado para conquistar as ferramentas de que necessitará a fim de alcançar seus objetivos, ajudar as pessoas e a sua organização-árvore. Conversamos muito sobre isso aqui na floresta, mas necessitávamos que você vivenciasse essa experiência. Nossa natureza nos indica um destino e uma missão, e nossa alma terá que empreendê-los. Foi assim que seu coração, suas mãos e suas pernas se movimentaram para atingir seu propósito.

"Respeitar a nossa natureza também significa entendê-la e compreendê-la. Somos a possibilidade do exemplo que desejamos ver no mundo; nossas ações definirão nossos passos e nossas conquistas. Este será nosso novo segredo: os nossos resultados não brotam porque queremos, não darão certo somente se chover, nem mesmo se somente fizer sol. Eles nem sempre virão saborosos ou em grandes quantidades. Às vezes, virão em pequenos brotos, às vezes não serão tão reconhecidos por todos os envolvidos, ou mesmo não serão absorvidos por todos. Quando mudamos, devemos adotar uma forte estratégia, à qual algumas pessoas irão aderir, outras nem sempre, e outras nunca. A natureza humana resiste, esses avanços e recuos nada mais são que os balanços nas organizações-árvore, movimentos de ampliação e de retração — é como se as organizações-árvore respirassem."

O homem, por fim, reconheceu que ainda precisava lidar com suas próprias resistências. Aprendera que a resistência não era algo ruim; ao contrário, era um fator natural da vida humana. Lidar com ela, manejá-la, contornar as suas dimensões — esse seria um esforço necessário todas as vezes que ele tivesse um problema ou quisesse achar novas soluções.

"Você deve seguir em frente. Retorne ao caminho dos humanos e vá atrás de sua missão. Agora você sabe pescar, e assim pode escolher com mais sabedoria o caminho a seguir. Lembre-se de que estaremos sempre aqui para ampará-lo e apoiá-lo dentro das nossas possibilidades. Todas as criaturas humanas passam por esse ciclo, necessitam ter claros o seu propósito e a sua missão, e isso requer **treinamento, desenvolvimento** de conceitos e de estratégias, vivenciar as dificuldades e transformá-las em facilidades e benefícios a si e aos outros.

"Todo caminho tem pequenas pedras. Cabe a nós contorná-las, gerando a conscientização da aprendizagem para não repetir os erros, e assim nos tornaremos vencedores de nós mesmos. Andar passo a passo será um fator decisivo tanto para credibilizá-lo, assim como para dar-lhe a previsibilidade sobre próximos passos, decisões e caminhos a seguir. Avalie suas decisões, meça suas ações e empreenda as mudanças necessárias para ser feliz e servir de exemplo para si e para os outros. Vá. O inverno em breve chegará ao fim e tudo deve reflorescer, pois será primavera. Siga o vento e boa sorte."

Proposição para refletir

Ao tomar uma decisão, busque se distanciar do objetivo sobre o qual você pretende se posicionar. Diante de contratempos, mesmo sendo difícil se manter isento, respire e alinhe seus entendimentos. Faça o seguinte exercício: (1) Escreva uma lista de coisas que de fato você está buscando (o que você quer realizar?). (2) Escreva o que é fruto do seu desejo (o que você sonha?). (3) Faça uma lista do que de fato é sua necessidade (de que você precisa?). Esse exercício ajudará você a separar coisas racionais e emocionais. Será fundamental que você, em primeiro lugar, concentre-se na sua necessidade, tenha a certeza de estar acertando o alvo. Em segundo lugar, compreenda que você não poderá ter tudo. E, em terceiro lugar, que perceba o que é fruto do seu desejo. Lembre-se: seus desejos "inatingíveis" podem ser fruto de sua ilusão, de um sonho, ou podem estar longe de serem realizados. A partir dessas perspectivas, reveja o problema e entenda se seu distanciamento funcionou e lhe permitiu uma visão suficientemente clara dos aspectos envolvidos, das possíveis saídas e, principalmente, da assertividade para alcançar seus resultados.

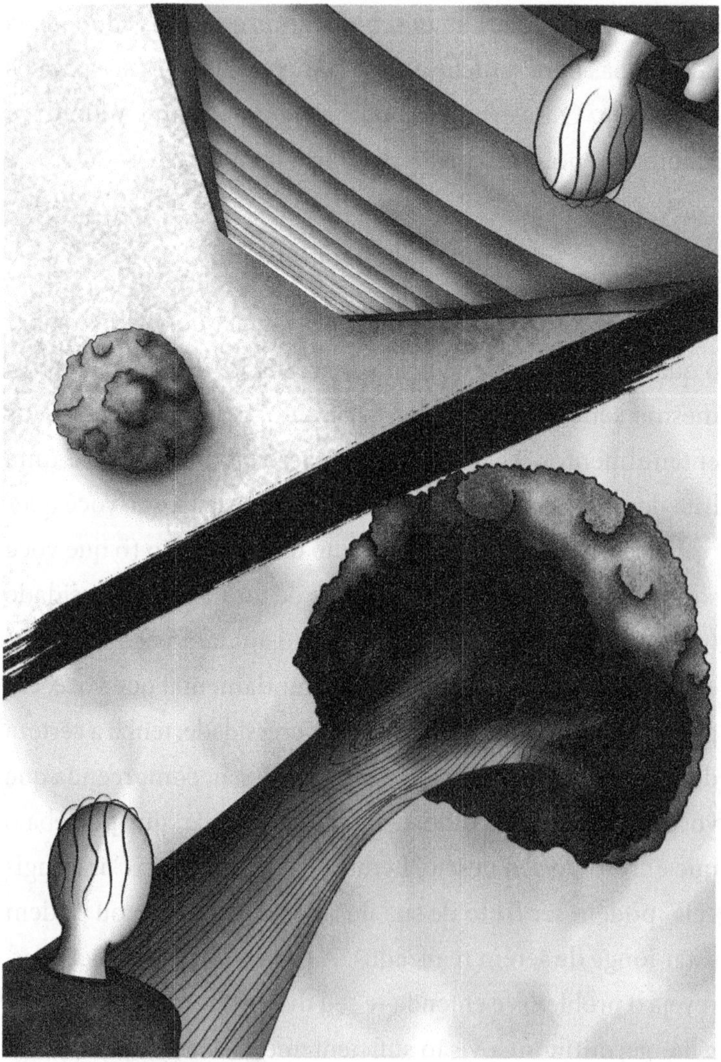

Proposição didática

Nossos movimentos, após termos feito nossas escolhas, darão uma volta, como se estivéssemos andando em círculos; aliás, muitas voltas. Teremos a sensação de que não estamos saindo do lugar, porque "nem tudo está perfeito". Portanto, damos voltas, então nos aperfeiçoamos, mudamos algumas coisas e refazemos outras, cada volta nem sempre será "a mesma" volta. A questão é não nos angustiarmos com as voltas, mas talvez as percebermos como novas oportunidades. O uso da consciência do passo será o mais importante. Assim, não estaremos "somente" numa repetição: muitas variáveis serão alteradas e revisitadas para que, como fazemos com um instrumento que acabamos de utilizar, possamos afiná-las até que tudo esteja na ordem adequada. A utilização de conceitos de **gestão estratégica** será importante, no entanto, encontrar a forma correta de atingirmos os alvos não é tarefa tão planejada por nós, tendemos a entrar em ação na execução. A quantidade de variáveis, de dimensões e de valores envolvidos pode nos aprisionar e nos tornar míopes. Mas é somente livres, isentos, que estaremos em condições de decidir sobre um impacto que atingirá pessoas, processos, projetos e a vida de todos os envolvidos. As organizações dependem dessas decisões, elas definem os padrões de humanização que dão o contorno da existência, da vivência e das lembranças sobre os êxitos atingidos, trazendo-nos orgulho, lembranças e reconhecimento sobre o que já fomos e o que ainda poderemos ser.

Proposição de vivência

Conduzir equipes não é tarefa fácil, sobretudo com a crescente necessidade do trabalho virtual. É possível que você se envolva num constante processo de demissões e admissões, e esse *turnover* não será saudável, nem para você nem para a sua organização. Propomos, então, mesmo a distância, que você conheça melhor a chamada "dinâmica da equipe".

Dominar minimamente esse conteúdo lhe proporcionará uma melhor administração das resistências e do funcionamento dos processos de equipe junto a seus colaboradores, além de promover a visibilidade das relações sociopsicológicas de todos, possibilitando, mesmo que virtualmente, um tempo e um "espaço" para que você possa conhecer melhor a sua equipe e permitir que essa equipe possa lhe conhecer reciprocamente.

Tabela 2 — Avaliando sua equipe: quem são as pessoas com as quais você conta?

ETAPAS		OBJETIVOS	
1) Determine em que fase sua equipe se encontra.	Pesquise sobre o conceito de "dinâmica de grupo", em especial sobre a taxonomia com base em Will Schutz (1979).	Fases do grupo: • Inclusão. • Controle. • Afeição. • Separação. Observação: cada fase possui uma característica mais forte e frequente.	Em cada fase você usará uma estratégia diferente e o resultado será mais consistente.

2) Estruture sua reunião ou encontro virtual. **Antes**: envie perguntas estruturadas. **Durante**: calcule o tempo para que todos possam falar. **Depois**: avalie as respostas (busque estratégias para registrar as mudanças que sua equipe diz, sente e/ou propõe; após esse registro, analise essas contribuições e compartilhe as mudanças).	**Situação atual**: Como você vê seu papel na equipe? Como funcionaria a equipe se o seu papel não existisse? Quais são as suas contribuições específicas para a equipe? Qual é a mais importante (sua missão principal)? O que você faz que outra pessoa do grupo não poderia fazer? Quais são as suas facilidades e dificuldades para exercer seu papel na equipe? Quão satisfeito você está com os seus resultados e os da equipe? **Situação desejada**: Que mudanças considera desejáveis para redefinir seu papel no sentido de melhorar a atuação de todos? O que você poderia fazer para alcançar a situação desejada? O que você espera que cada um dos membros da equipe faça para melhorar o desempenho de todos? O que poderia ser suprimido, modificado e/ou acrescentado para que todos cooperassem e colaborassem uns com os outros? Quais comportamentos sugerem que a equipe alcance seus objetivos e resultados?

3) Avalie a reunião ou encontro virtual.	Ao final da reunião ou encontro virtual, a liderança deverá aplicar uma avaliação que possa registrar comportamentos, emoções e ações de mudança.			
4) Resolva os problemas que podem ter surgido e proponha sequências de vivências.	4.1) Faça uma síntese da reunião e das situações-problema.	4.2) Analise as situações-problema e retorne para confirmá-los com a equipe.	4.3) Faça uma reunião para levantar ações de correção e melhorias dentro de sua equipe.	
Avalie	**Registre**	**Compartilhe**	**Monitore**	

Fonte: adaptada de CASTILHO, A. *Liderando grupos e equipes: um enfoque gerencial*. Qualitymark, 1992, p. 47.

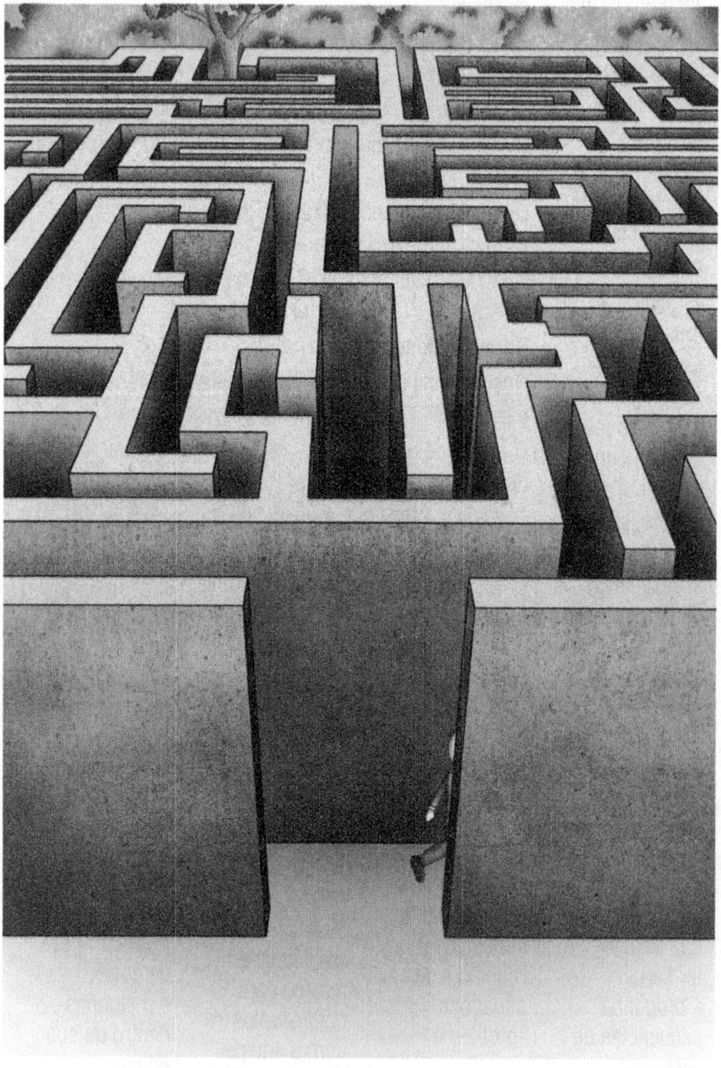

• CAPÍTULO 4 •

Organizações podem crescer e se espalhar

Haviam se passado muitas primaveras e as lembranças daquele último inverno juntos já estavam distantes, pois muito tempo se passara. Às vezes, as árvores comentavam entre si como tudo estaria transcorrendo para aquele humano. Era novamente tempo de primavera, as flores apontavam os caminhos com suas cores, enormes tapetes coloridos se formavam, havia muitos frutos e o perfume da natureza se impunha. O ar estava repleto de suavidade, os diversos tons de verde na vegetação pareciam se combinar e brilhavam diante de um lindo sol. Os animais aproveitavam o calor e, com tanta luz, procriavam, e o ciclo da vida continuava. Mas uma árvore, em especial, estava à espera de uma visita, assim como em todas as estações. Esperar era sua maior alegria, qualquer vento podia lhe trazer notícias, havia certa expectativa no ar.

De repente, ela ouviu ruídos de caminhada, e mesmo a distância ela já sabia que aquela forte pisada era de um ser humano ávido por aprender e compartilhar. Então, aproximou-se um homem encapuzado, cantando e assobiando feliz. Pela firmeza do seu caminhar dava para saber que ele caminhava por lugares conhecidos, era como se aquele lugar fosse seu. Então ele levantou a cabeça e abriu um largo sorriso, revelando sua alegria e seu agradecimento por estar ali. Todos e tudo na natureza ao seu redor se moveram para comtemplar aquela repentina, mas esperada chegada. "Nossa, que felicidade em ver você!", disse a árvore, cheia de bem-aventurança. "Você amadureceu, mas está como sempre: saudável, entusiasmado, bonito, alegre. Seu sorriso está encantador, mas já existem fios de cabelo grisalhos", comentou baixinho a árvore. Bastante emocionada, continuou falando: "Vejo que está muito bem. Eu mesma estou um pouco mais velha, começo a vergar um pouco, e inicio minha passagem de conhecimentos. Devo agilizar meu compartilhamento de conhecimentos, minhas experiências e vivências... Tudo que sei, que sinto e que aprendi devo repassar". Quase sussurrando, prosseguiu: "Que bom que você veio, fiquei imaginando que talvez não fosse mais vê-lo". O homem parou e, dessa vez, foi ele que se ocupou em detalhadamente prestar atenção à árvore. Preocupou-se com seu tom de voz e, atento àquela melancolia que vinha pela primeira vez de sua grande amiga e mãe árvore, correu para lhe dar um abraço bem apertado, dizendo: "Fique tranquila, estou aqui".

"Sinto você. Já estou por aqui há muitos anos, há muitas estações, já venho há muitos anos conversando com você, doando-lhe meus ensinamentos, assim como faço com as organizações-árvore. Tenho a certeza de tê-lo ajudado e de ter nutrido da melhor maneira as suas decisões, e em breve precisarei partir. Mas, por ora, deixemos dessa conversa. Conte-me tudo. Agora, mais do que nunca, quero saber. Encontrou sua missão? Fez suas escolhas? Marcou sua trajetória? Encontrou um grande amor? Já tem frutos e folhas? Conte, estamos há muitos anos esperando para ouvi-lo." O homem sorriu e disse: "Sou um ser humano realizado. Percebo, agora, que sempre cheguei aqui com dúvidas, aflições, tristezas e conflitos, mas sempre saí entusiasmado, encorajado e fortalecido para seguir adiante. Não tenho palavras para agradecer a todos e, principalmente, a você. Hoje tenho uma grande empresa, ou melhor, uma organização-árvore. Logo depois que saí daqui, da última vez, tive um sonho: era como se falasse para muitas pessoas, eu me via conduzindo-as a determinados lugares, e não demorei para perceber que, em vez de criticar as organizações, eu deveria criar uma. Na minha mente, era muito claro que isso me faria crescer ainda mais e que esse crescimento implicaria construir um sonho coletivo. Era esta a minha missão: compartilhar pelo meu trabalho um lugar verdadeiro, possível e equilibrado. Então, como num passe de mágica, comecei a desenvolver minhas ideias e meus projetos e a encontrar pessoas interessadas neles. Num sonho coletivo, comecei a receber pessoas e formar grupos que me procuravam com ideias e comentários muito agradáveis e lisonjeiros sobre minhas ideias e minha missão. Também comecei a receber outras com críticas construtivas e novos ângulos de visão, e a perceber que outras pessoas não se interessavam, mas era como se estivéssemos criando raízes. Os propósitos se combinavam e todas as manhãs eram de vida vivida e de retribuição.

"Meu projeto e minha missão se desenvolvem na proposta de construir uma empresa cujo propósito é aproximar moradias e empresas (organizações) do convívio com a natureza e, desse modo, buscar reaproximar esses interesses e conceitos ao redor do mundo. Comecei por instituir que a cooperação deveria ser praticada no trabalho. O valor de cada um seria medido pela doação e pela ajuda mútua, e a redistribuição ficaria pautada pelo equilíbrio entre os ganhos auferidos pelos esforços individuais e coletivos, para que a distribuição de recursos e de benefícios pudesse espelhar e reforçar os exemplos de nossas práticas. Aprendi aqui que não precisamos lembrar as pessoas de suas responsabilidades. Elas têm que ser construídas com base na confiança, como que formando o alicerce de nossas ações e de nossos estados de prontidão. Afinal, numa empresa em que a natureza das pessoas e das coisas converge, nossos exemplos seriam sempre lembrados e cobrados pelos nossos clientes.

"Aprendi com vocês que construir organizações-árvore não é e nunca será uma tarefa fácil; ao contrário, mesmo sabendo dessa complexidade e da força que os humanos têm por poder fazer escolhas todos os dias, propus que deveríamos alinhar sempre que possível nossos pontos de vista. No entanto, sustentar as decisões tomadas seria fundamental, porque todos precisariam saber o rumo e o futuro coletivo. Sempre que essas decisões precisassem ser revisadas, novas discussões seriam providenciadas para mantermos o fortalecimento do conjunto da organização, o caminho a ser seguido. Embora nem sempre seja possível ver tudo de todos os lugares nem decidir na mesma medida, alinhar nossas intenções torna o conjunto saudável, a marcha mais certa e os olhares mais brilhantes. Avaliar e realinhar passam a ser regras.

"Construir uma organização, também pelo que aprendi com as organizações-árvore, é compreender que nela **as diferenças são complementares**. Esse é um ensinamento basilar que sempre precisa ser relembrado a todos. As árvores são diferentes entre si, porém, têm missões complementares. Assim, o individualismo não deve ser exaltado, **muito menos deve ser acirrada a competição pela competição**. Os resultados coletivos devem ser estimulados, as complementaridades ressaltadas, e, desse modo, as equipes devem ser pensadas para não competir de maneira pessoal, e sim para competir por melhores ganhos e dar o suporte às outras, reconhecendo que as outras equipes seguirão melhor desse jeito. A busca deve ser por resultados complementares, que, ao serem atingidos, retornem reconhecimento e benefício a todos.

"Precisamos olhar o que falta no coletivo, dentro dos grupos e das equipes, observar como essa comunicação se processa. Em geral, as organizações contam sempre com uma ou duas pessoas nas equipes que estão sempre mais ocupadas, sustentando, segurando e guardando 'segredos' sobre seus conhecimentos e suas experiências. Essas pessoas se mantêm como salvadoras dos processos, mas, no médio prazo, isso não funciona, não se sustenta. A própria comunicação, as intrigas, as marcações de diferenças sabotarão essa estratégia e a perda será certa. O propósito de se comunicar nos pede relações mais autênticas, pois a comunicação, como aprendi aqui, na sua base da verdade com amor, necessita ser sincera e adequada, para podermos expressar e realçar os pontos importantes dos relacionamentos, atingindo maturidade.

"Grandes desconfortos são sentidos quando se realizam os desdobramentos de ordem (comando), crença (valor) e missão (propósito). Estes são passados adiante nas camadas mais operacionais das organizações, mas são desdobrados como se a empresa fosse de cada um dos gestores, em geral com grande perda de energia, pois cada autoridade repassa, em seu papel de líder, informações e ordens como se a organização fosse dela; como se a empresa não fosse de um coletivo. Portanto, a retransmissão dos papéis e das responsabilidades deve ser cuidadosamente processada e informada por meio de um processo e de um conteúdo que preservem o que todos querem dizer, respeitando o sentido, o tempo e o lugar para aquilo ser dito. As relações devem ter sentido produtivo, de respeito ao outro e de diversidade, da mesma maneira que, como diversas vezes presenciei aqui, comunicações genuínas devem ser realizadas pelas organizações-árvore por meio de suas raízes, de seu solo, fazendo tudo acontecer, e esse conceito ficou estendido na minha 'organização'.

"A **verdade** deve ser semeada, pois, no mundo dos humanos, falar sobre o que não se presenciou, não se ouviu e não se viu é considerado **mentira**. Essa será a grande armadilha das comunicações. Quando semeamos a verdade nos nossos relacionamentos, mesmo que isso implique ter que preparar o outro para ouvi-la, estamos genuinamente cuidando da saúde das nossas relações e dos outros.

"Sempre me lembro do silêncio da floresta, no qual aprendi a ouvir o que digo, ou seja, aprendi que meu **discurso** deve condizer com a minha **prática**. Busco pensar de modo consciente sobre minhas ações e meus pensamentos, e como exercício busco permanentemente olhar nos olhos das pessoas. O olhar nos conecta, porém, mesmo sendo um órgão par em nosso organismo, sua função nos leva, em geral, a singularizar, ou seja, tornar comum aquilo que vemos todos os dias, ele congela nossa maneira de ver as coisas, as pessoas, nosso trabalho e, principalmente, as pessoas que amamos. O tempo vai passando e, na rotina de nossas vidas, vamos passando a olhar sem necessariamente enxergar. Quase não mudamos o nosso ângulo, nosso ponto de vista; portanto, rever seu lugar físico no trabalho, mudar de lugar suas coisas em casa, assim como se esforçar para mudar a maneira como você costuma enxergar poderá lhe trazer grandes benefícios. Foi aqui que aprendi isso.

"A **gestão de pessoas** é ato imprescindível para que nossos sonhos, atitudes e ações se realizem de forma única ou coletiva; logo de manhã, sempre que chego à organização, antes de ir para a minha sala, passo para ver as pessoas, percebo como elas estão, o que sentem naquele momento. Busco saber das novidades, conversar sobre os problemas. Percorro os espaços para ver como tudo está e para saber, mesmo de longe, como estão, o que sentem, suas opiniões; tudo importa. Esse é sempre **um ritual longo**, mas necessário, seja para trocar ideias, saber como as coisas estão sendo interpretadas, como está a opinião das pessoas sobre determinadas ações, para observar de que lugar as pessoas estão falando e perceber como as tarefas, os processos e os projetos estão se desdobrando. Aprendi aqui que o subterrâneo da vida nem sempre é como achamos que ele é, mas é lá que tudo acontece. Eu preciso, naquelas repetidas manhãs, alinhar-me com as pessoas, saber delas e, principalmente, falar de mim, das novas ideias, de minhas invenções e inovações que, de um dia para o outro, surgem ao meu redor e no meu caminho. O distanciamento da folha até a raiz, além de ser um longo caminho, se interrompido, pode fazer uma árvore morrer.

"Temos sempre **reuniões motivadoras**. Falamos sobre diversas coisas e nem todas as vezes os temas são bons, mas são invariavelmente necessários. Aprendi aqui que crescer dói. Até mesmo para uma pequena ave sair de seu ovo ela terá que bater com seu bico, com toda a sua força, até que a casca do ovo se parta, e só assim poderá descortinar o mundo. Às vezes, incluo nessas reuniões músicas, poemas, reflexões, o que considero muito importante para que todos possam sentir a composição diferenciada que o conjunto das coisas nos permite realizar.

O ser individual é importante, mas o coletivo, este é precioso. As variações e diversificações nas reuniões servem para motivar as pessoas, os grupos e as equipes. Lá não temos o canto natural dos pássaros nem os sons das águas e muito menos o vento correndo livre; portanto, **emocionar-se é um bálsamo**, é uma força gerada para dormir mais descansado e acordar com toda a energia, de modo a sustentar a responsabilidade de seguir com todos, acompanhá-los e se responsabilizar pelo conjunto. Isso é gerenciar.

"Dali seguimos alinhando os passos, acertando por onde o curso deve seguir, e, mesmo passando por todas as estações, é necessário ter a alma livre e os pensamentos criativos. Também aprendi aqui que, quanto mais livres deixamos as pessoas, mais produtivas se tornam suas obras e suas realizações. O ser humano nasceu para voar, como os pássaros, para nadar, como os peixes, e para seguir seus instintos, como os animais. Às vezes discutimos, outras vezes discordamos e muitas vezes os resultados vão para outros lugares. Descobri que trabalhar com a liberdade implica fazer ajustes sempre, e isso nos pede paciência e distanciamento. Por conta disso, muitas conversas, muitas gargalhadas e muitas opiniões são ingredientes para se manter uma floresta humana viva, repleta de sonhos e, claro, de realizações. É nesse **'distanciamento vigiado'** que se podem orquestrar pessoas, diferenças e a beleza das coisas.

"Sabe, árvore, lá lanchamos diversas vezes e temos o que se chama de 'cafezinho'. Vocês não acreditariam, mas é como me deitar nas suas raízes, um lugar onde as coisas são ditas e o que incomoda sempre aparece. Ah! Esse cafezinho! É um cantinho de prosa e de revelações. Sempre que alguém quer desabafar, diz: 'Vamos tomar um cafezinho'.

"O dia passa voando, almoçamos quase sempre juntos; eu nunca como sozinho, gosto de estar ao lado daqueles seres humanos, de saber de suas vidas e de movimentar minhas emoções. Alguns me procuram, dizendo: 'Vamos almoçar?'. Que fantástico! Às vezes, esperam as reuniões terminarem, e logo estamos comentando o que se passou na reunião, quais são os desdobramentos de nossos projetos, as descobertas, os comentários e, principalmente, de que forma podemos avançar para vencer, como grupo, equipe ou pessoas interessadas no bem comum. Esses espaços são essenciais para estreitarmos as relações e para falarmos de nós mesmos e do que é sempre mais importante.

"Não sou mais um menino, nem mesmo apenas um homem cheio de dúvidas e medos. Agora sou um gerente. Estou aprendendo sobre esse papel e seus desdobramentos: sei que nem eu nem ninguém pode sair para trabalhar 'deixando' atrás da porta os problemas pessoais e familiares. Como seres gregários, precisamos estar inteiros, e por isso, compreender as pessoas como seres integrados, conectados, socializados, e afetivamente vinculados às suas raízes, suas famílias e seus relacionamentos. Evitá-los será um erro fatal.

"Sei muito bem que, se não houver concordância, necessitaremos construir 'acordos'; portanto, **gerenciar por acordos** (regras de bem comum) será a maneira mais fácil de seguir adiante. Sei que ter que aceitar as ordens apenas por aceitá-las irá gerar sentimento de desconforto e até de vingança. Isso vai corroendo nossos sentimentos e, em breve, não estaremos conectados com nada daquilo que fazemos.

"Sei que é sempre perverso ter que aceitar as decisões impostas, que às vezes estão pautadas em urgências e desacordos. Portanto, **gerenciar os imprevistos** é de fundamental importância para não nos descredibilizar. Não tem nenhuma graça seguir por obrigação, isso nunca será construtivo. Essas práticas emergem, em geral, do autoritarismo, da incompetência e das inseguranças, pois esse tipo de gerenciamento esconde um grande despreparo para fazer as pessoas entenderem e compreenderem, por meio do diálogo, os reais motivos de uma mudança. É assim que a omissão e o descaso nascem, mas já chega disso, não há nada de honesto nisso. Talvez ainda não saibamos tudo o que precisamos saber para manter essa harmonia, mas sabemos que o autoritarismo sobre as pessoas e as coisas não me ajuda e não ajuda ninguém a ser nada melhor.

"Os humanos vivenciam de modo muito diferente das organizações-árvore as suas diferenças. Enquanto, nesta floresta, o diferente é importante e complementar, para os humanos, a exclusão de determinado 'diferente', de um 'colega' ocorre repentinamente, e por isso é preciso **gerenciar as diferenças**. Não nos aproximamos para investigar o que, naquela 'criatura humana', parece ser estranho ou diferente. Mas basta olharmos e esse processo começa a nos guiar. Aprendi aqui que todos temos um lugar, uma contribuição, e que a convivência nos mostra as saídas.

"Os processos de exclusão são sempre muito prejudiciais. Muitas vezes, não nos dão a oportunidade de saber o que de fato deveríamos mudar ou aprender com aquilo que não compreendemos. Portanto, torna-se necessário elaborar estratégias para combater essa exclusão. Nesse momento, é muito importante dar suporte aos funcionários, apoiá-los a encontrar novos caminhos, novas estradas, pois, mesmo que a mudança seja de fato necessária, é imprescindível que ela seja acompanhada de análises claras e reais de onde foi que as coisas, as relações ou os resultados não foram satisfatórios.

"Árvore! Também temos festas, aniversários, premiações e comemorações. São ritos de conquistas e convivências que sempre nos ajudam a marcar o caminho. Não possuímos as estradas que temos aqui, temos que **gerenciar as vitórias**. Os humanos se lembram de um desafeto, mas esquecem as suas vitórias com facilidade. Alguns acham que comemorá-las não tem importância. Mas, na nossa organização, as mudanças são sempre muito planejadas, as pessoas e as lideranças são envolvidas para que tenhamos a todo tempo relações cooperativas, respeito entre gerentes e gerenciados e espaços de reconstrução e escuta, pois qualquer mudança terá que ser avaliada em vários ângulos.

"Temos planos de médio e longo prazos. Muitos de nós podem estar distantes do trabalho, às vezes em casa, no que se chama de *home office*, mas certos de que essa interação não pode morrer, nem mesmo ser posta de lado; terá que ser articulada, mesmo com uma maior sofisticação da tecnologia, para que se compartilhem e se expressem sentimentos, coisas, fatos e sensações. Os humanos dependem disso para cooperar, complementar, crescer e produzir."

A árvore estava se deliciando. Sua energia irradiava, mas ela apenas pensava e analisava. Não queria, nem por um momento, interrompê-lo, pois ouvi-lo, perceber seu modo de falar, mesmo sem compreender algumas palavras, fazia com que percebesse a segurança na entonação, a eloquência e a sinceridade na maneira de se expressar e de explicar.

"Nas nossas organizações, preservar a **cultura**, ou seja, o modo como fazemos as coisas, sentimos e pensamos, as nossas regras e os nossos preceitos, é um ponto fundamental para criar um clima, um ambiente e, principalmente, as características de nossas próprias florestas. Saber que somos parecidos, que mediamos as relações e que alinhamos comportamentos são tarefas fundamentais. Estou falando muito?" "Não!", exclamou a árvore. "O que você nos conta em muito temos aqui também, embora, às vezes, de maneira um pouco diferente. Mas, no fundo, o canal das intenções nos faz semelhantes. Ah, e preciso registrar o quanto você está diferente. Você fala com muito entusiasmo. Como você soube transformar o que aprendeu, ouviu e sentiu aqui e convertê-lo para sua missão? Isso é fantástico!"

"Que bom que você me entende. Às vezes, ainda hoje, diante das dificuldades ou daquilo que parece difícil, penso em desistir, mas nessas horas me lembro de tudo que essa floresta possui e me dá, e logo passo a comparar isso com as nossas vidas, percebendo que a **humanização** é o caminho que nos leva à condição de ganhos e perdas sem tanto sofrimento; que nos leva à aceitação das nossas diferenças sem nos colocarmos acima das pessoas e das coisas; que nos lembra de que nada é perfeito, para que não nos sintamos como semideuses; e que nos lembra de que a simplicidade é um valor."

A árvore então lhe perguntou: "Quais as qualidades e as atenções que um gerente precisa ter?" "Sabe, árvore, essa é uma boa reflexão. Ser líder começa por si mesmo: precisamos liderar nossos próprios medos, nossas inseguranças, alegrias e tristezas, assim como estou aprendendo a fazer, e será sempre assim. Elaborei alguns **passos iniciais** que são básicos: (1) converter permanentemente interesses individuais em interesses coletivos; (2) observar a natureza das mudanças e conduzi-las adequadamente; (3) compreender os fenômenos que se originam dos grupos e das equipes; (4) instituir competência, técnica e estilo no seu gerenciamento; (5) além de arrepender-se sempre que perceber que não está correto.

A árvore, tomada por tanta riqueza de informações e se baseando em suas experiências, perguntou-lhe: "Quais dúvidas você tem com relação ao seu futuro?". Ele parou, pensou e disse, calmamente: "Tenho medo de não a encontrar mais. O que você me diz disso?". A árvore generosamente lhe devolveu a pergunta: "Diga-me você o que acha disso".

"Você é meu porto seguro. Aprendi tudo que sei com a liberdade de retornar aqui quando quisesse e precisasse. Hoje, entendo com muita maturidade que uma organização-árvore nasceu e se desenvolveu em mim. Posso perceber que você está além da presença material, na minha mente, no meu corpo e no meu coração, respiro você. Desde que a conheci, minha vida mudou, pois sempre que estou aflito e cheio de dúvidas venho aqui conversar e ouvir seus conselhos, mas preciso também fundar e fomentar minha organização. Mesmo que eu não a encontre mais, saberei que você estará permanentemente comigo."

A árvore então se curvou com muita dificuldade e lhe disse: "Agora é o universo que contempla você. Você atingiu sua maturidade, seu espírito está elevado e seu caminho está conectado a você. Não será mais tão difícil ouvir as respostas, pedir os esclarecimentos e refletir sobre as novas decisões. Daqui a algumas estações você saberá sentir seu tempo no mundo e, como uma enorme floresta humana, reconduzir as pessoas, os processos e os projetos aos seus devidos lugares, permitindo que as pessoas experimentem, vivenciem e amadureçam também suas próprias experiências. É muito gratificante saber que estamos construindo um mundo de paz e de experimentação, saber que somos pontes que os outros podem atravessar, rios pelos quais os outros podem navegar e caminhos que os outros podem percorrer. É disso que nos lembraremos, e será essa lembrança que todos terão de você, assim como eu terei sempre essa lembrança de suas conquistas, de quanto somos felizes e de quantas oportunidades demos para fazer deste universo algo melhor para todos".

Aproveitando o silêncio, certo vazio que vinha de vários cantos da floresta, ele se despediu, como sempre fazia, dizendo que retornaria e agradecendo por tamanha gratidão.

Proposição para refletir

Toda gestão é dominada por uma entremeada rede de poderes. O pleno exercício da gestão nos impõe condições complexas, que irão se refletir em uma rotina de realizações e de práticas, às vezes alinhadas com os nossos valores, outras, nem tanto. Muitos líderes buscam diversas estratégias para lidar com os poderes que os cercam. De um lado, possuem o desejo de se saírem bem, imaginam lidar com todas as redes de poderes, querem ser aceitos por todos e ainda ter sucesso nos resultados; de outro, ao perceberem que essa construção é idealizada, ou mesmo impossível, optam por gerenciar alguns processos dessas redes de poder, sobretudo as que julgam serem mais importantes. Essas intenções, porém, também não se tornam realidade, e, em geral, os gestores se frustram, às vezes até têm suas forças drenadas. Algumas saídas possíveis podem ser: aumentar a capacitação dos funcionários, solicitar ajuda de um *coach* ou contratar uma assessoria. Ao buscar suporte,

Cooperar ou competir?

é possível fazer escolhas mais inteligentes. Afinal, você não é um super-herói. Busque ajuda, dentro ou fora de sua equipe.

Proposição didática

Perceba que existe certa ciranda no gerenciamento que necessariamente dita uma espécie de ritmo aos ângulos na maneira de gerenciar pessoas, processos e resultados. (1) Tome certo distanciamento dos problemas e das rotinas e só então mergulhe, correlacionando, nesses três ângulos, as questões, ações e/ou soluções que não estão acontecendo de modo satisfatório. (2) Após essa análise, privilegie o envolvimento das pessoas nesse caminho e a busca, com os pares, de ações concretas e mais efetivas para melhorar pontos imprescindíveis. (3) Continue analisando, não desista. Tente fazer análises simples e perceber onde exatamente estão as maiores dificuldades. (4) Por fim, busque fazer uma autoanálise e entender se os problemas que aparecem não são um reflexo de suas limitações. Os conceitos de gestão de processo (mapeamento de processo) e **gestão do conhecimento** serão muito úteis para ajudar você nessas análises e podem ser uma excelente alavanca de mudanças.

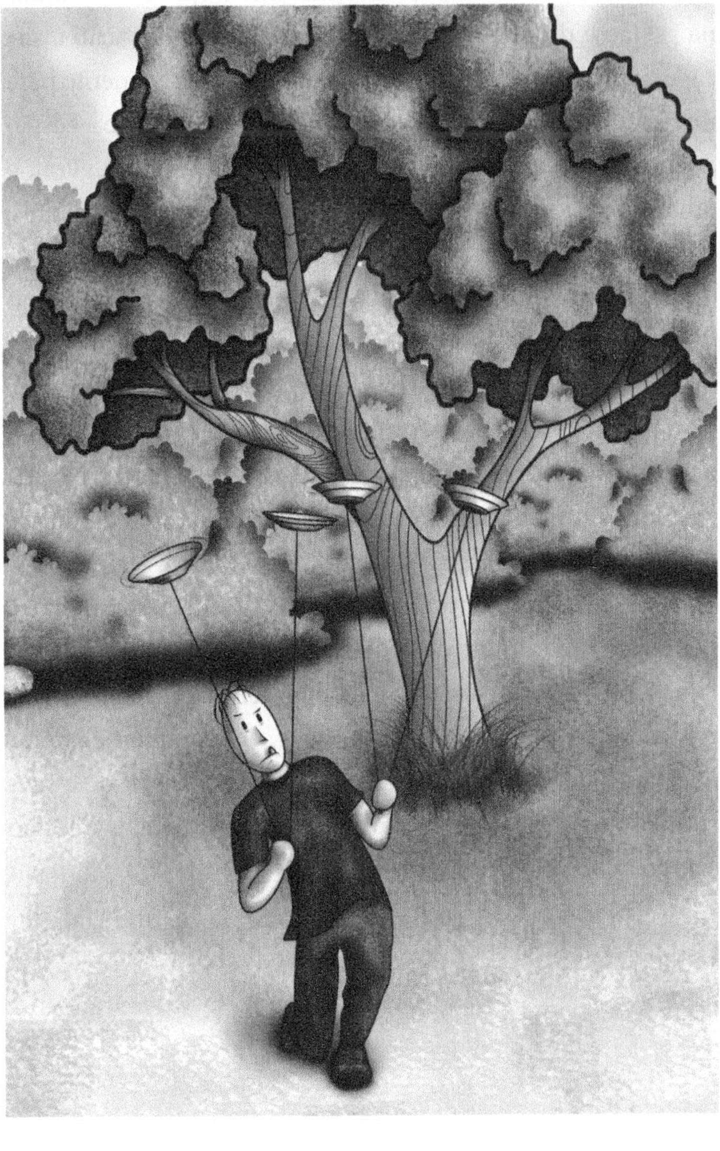

Proposição de vivência

A responsabilidade de imprimir movimentação e mobilidade na gestão é do líder. Seu desempenho, sua motivação e sua capacidade de gerar esses ciclos lhe trarão efetivamente para um estado de presença na gestão. Isso quer dizer que a gestão necessita quase constantemente de atualização. Em geral, o olhar do gestor pode singularizar o processo de gestão, pois, quando se gerencia, boa parte do processo fica acomodada diante da nossa visão. Ou seja, a maneira cotidiana como vemos as pessoas e as coisas pode "congelar", então passamos a não "enxergá-las". Costumo chamar esse fenômeno de "miopia da gestão". Acostumamo-nos a ver as coisas sempre do mesmo modo e nem percebemos isso. Por isso, investir parte de seus ganhos em seu aprimoramento, treinamento e desenvolvimento pessoal é uma boa decisão. A seguir, apresento de maneira simplificada alguns passos para que você possa desconstruir essa singularização de seu olhar, evitando falhas no acompanhamento e na intervenção nos fenômenos organizacionais. Esses passos podem ser adaptados e alterados para ajudar você a implementar seu próprio ritmo e suas rotinas, sem deixar de imprimir sua marca. Afinal, a gestão sempre terá seu estilo: será singular.

Figura 1 — Círculo virtuoso de pertencimento de grupos e equipes

1º passo: avalie quais competências e qualidades sua equipe tem e quais faltam a ela; busque complementá-las.

2º passo: avalie a performance interna de sua equipe (comece conhecendo sua equipe por dentro).

4º passo: após os resultados, reavalie sua missão, seu propósito e sua razão de ser; isso permite reavaliar suas contribuições e as motivações da equipe.

3º passo: fortaleça a conexão que deve existir entre as competências e as qualidades de sua equipe com os desafios organizacionais.

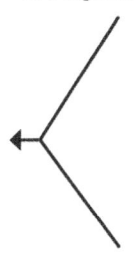

5º passo: reconecte seus processos internos com os externos. Esse será o sentido de pertencimento que trará a força para a sincronicidade da mudança.

IMPLEMENTE   **IMPLANTE**   **IMPRIMA**

Fonte: elaborada pelo autor.

• CAPÍTULO 5 •

Organizações escolhem viver ou morrer

Não foi fácil sair e se despedir. Ele sabia que havia deixado para trás sua fonte de energia e inspiração. Por muitos anos, havia se deitado aos seus pés, sentido a força de suas raízes, se beneficiado de seus frutos, se coberto com suas folhas, se balançado em seus galhos, subido no seu tronco, conhecido diversas paisagens e estações e se deliciado com tantas trocas e aprendizagens, além da infinita disponibilidade de sua árvore de lhe prover carinho, atenção, acolhimento e desenvolvimento. Costumava ser sempre um encontro de sabedoria e confiança; as mensagens eram sempre subliminares, daquelas cujas respostas você encontra por si só e ainda lhe sobra sabedoria para refletir sobre outros desdobramentos. Ter alguém que possa nos conduzir é mesmo uma dádiva; esse é o pleno exercício da liderança. Poder ver e sentir os problemas de diversos ângulos, ter liberdade para criar e caminhar e ainda saber que há sempre alguém olhando por você é bastante necessário para que você possa crescer e se desenvolver, é um exercício para toda a vida.

A parceria era frondosa e generosa, mas ele sabia, bem no fundo de seu coração, que não seria para sempre. Ele admitia que nem sempre costumava parar para pensar sobre essas questões, afinal, quem é que estaria preparado concretamente para se despedir? A rotina faz falta, as relações fazem falta, a correria faz falta, as vozes fazem falta, as imagens, os problemas, as pessoas... Quase tudo nos faz falta.

Em seus pensamentos, ele sabia que quem permaneceria junto a ele seriam **o tempo** e **o vento**, elementos tão presentes e norteadores que seguiriam para lembrá-lo de que todas as estações sempre retornam, de que a vida é feita de ciclos, de que as lembranças podem trazer ensinamentos que são para a vida toda, e por fim, de que os dias nunca são iguais.

Ele aprendeu a sentir o vento, a perceber suas nuances, a ouvir os avisos e os anúncios das mudanças de estação. Sabia que poderia interpretar as coisas e adequá-las a seus devidos lugares. Ele sabia o quanto era difícil sentir e pensar nas coisas sem de imediato fazê-las, reagir a elas etc. Sabia que seu estilo era mesmo aquele de "agir por impulsos", mas sabia também que esse refinamento do aprendizado precisaria ser feito por si mesmo. O impulso para resolver tudo na hora é algo muito humano: correr direto para as ações, ver tudo implementado, empreender na mesma hora são reações quase naturais, assim como colocar para fora seus sentimentos e suas dificuldades é algo que necessita de treinamento e refinamento. E ele sabia, agora mais do que nunca, que talvez estivesse só, que agora tudo estaria em suas mãos. A ausência de sua parceira lhe faria uma grande falta, mas havia muito a ser implementado, refletido e trabalhado.

Os cenários iriam mudar constantemente, as estações seguiriam seus cursos e os dias passariam de modo a nos trazer novos caminhos, contatos e direções. O caminho de volta não era fácil, mas havia muitos motivos para que ele se energizasse para voltar a cumprir seu propósito, sua missão e suas obras.

Ele sabia que as organizações-árvore também viviam seus ciclos e que, junto a suas próprias leis, haviam de se fortalecer e descortinar igualmente sua missão e seu propósito dentro daquela mágica floresta. Assim, ele partiu, sabendo que o seu propósito naquela parceria poderia se encerrar, que as trocas geradas pelas duas partes haviam tomado proporções de sinceridade, doação e entrega e que seus destinos estavam marcados por imensas cumplicidades, lealdade e aprendizagem.

O resgate das lembranças e dos ensinamentos, este o tempo se encarregaria de alinhar e trazer nos momentos certos. Essas recordações devem ser usadas quando precisamos acessá-las, nos momentos em que temos a necessidade de tomar decisões ou mesmo escolher entre opções. Elas sempre funcionam como um balanço das escolhas e das vivências diante de novos cenários, novas estações. Essas complementações nos ajudam a balizar nossa trajetória, avaliar passos dados e nos colocar de maneira mais assertiva em outra direção, ou mesmo a ficarmos mais fortes diante daquilo que escolhemos.

Essas questões de perdas e ganhos são sempre difíceis de digerir; nunca sabemos ao certo se quando perdemos estamos ganhando, e vice-versa. A questão é sempre em que circunstâncias esses movimentos acontecem, de que modo são feitos, como nos empenhamos, como chegamos a compreender conscientemente suas nuances e profundidades, ou mesmo se nos encontramos em equilíbrio.

Esses processos são complexos, e aceitá-los, entendê-los e até compreendê-los é um quebra-cabeça que requer muita reflexão e paciência. Às vezes, somente muito tempo depois vamos entender algumas coisas que não enxergávamos antes. E o homem sabia que lhe restava seguir, marcar novos tempos e encontrar novas perspectivas, novos caminhos pela floresta da vida, trilhando-a de maneira interativa. Sempre que existisse uma oportunidade de encontrar uma nova parceria, dessa ou de outra natureza, teria que ser na base do respeito e da confiança mútuos.

Nesse retorno, uma coisa era certa: ele desejava pensar como esses vínculos poderiam ser mais bem trabalhados, em geral temos grande dificuldades de aceitarmos as perdas, perder alguém, algo, ou qualquer coisa que amamos ou estimamos sempre nos trazem sentimentos tristes, e ele se perguntava: Como retornar à floresta sem poder falar com sua amiga. Evitar esses sentimentos seria impossível, mas como eles poderiam ser minimizados? O fôlego às vezes lhe faltava; não era exatamente o peso de sua mochila, talvez a carga emocional, pois, embora não nos demos conta, viver processos de inclusão, controle, afeição e separação nos deixa bastante envolvidos e drena nossas energias. Por isso, necessitamos compensar nossas perdas, de modo que possamos sempre ter a sensação do dever cumprido, da troca genuína e, principalmente, da amorosidade aprendida.

Aquele homem, muito emocionado e certo da decisão que havia tomado, nem olhou para trás. No fundo, ele tinha medo, mas essa é uma característica natural da raça humana. Mas a aprendizagem, nesse momento, não vinha das organizações-árvore, mas de um lugar que existia dentro dele e do pertencimento dele à natureza.

Ele voltou refletindo profundamente, pois desejava pensar em como tratar esses sentimentos, principalmente o da exclusão (perda) e como ele poderia ser mais bem tratado nas organizações. Como deveremos fazer as exclusões? Como demitimos as pessoas? Como as convidamos a se aposentarem? Isso ficou presente em seus pensamentos, era uma espécie de cobrança intermitente, tinha a ver com a árvore mas era uma questão a ser tratada pelas organizações, Ele sabia que muito desse processo era pessoal e intransferível, significa dizer que todos teremos que nos preparar para partir, mas o que o incomodava era talvez a chamada "circunstância". As organizações precisam entender isso, e as pessoas também devem se preparar para, em algum momento, se "ausentar". O que ficará serão as lembranças, as referências, as vivências.

Assim, as relações, mesmo quando curtas, dever ser vividas para ter sentido e significado, para marcar a presença, a permanência, para ter **representatividade**. Essas são sempre questões importantes e bilaterais, ou seja, implicam o esforço de todos. Os humanos necessitam de representação, de pertencimento, da percepção de que fazem sentido para as pessoas e as coisas, tanto no seu trabalho quanto na sua vida afetiva. Quando conhecemos alguém novo, em geral perguntamos: Você é de que Organização? "Com que você trabalha?". Ou seja, a representatividade do que fazemos é o que determina a nossa identidade. Ele sabia que o exercício da argumentação iria lhe devolver, em algum momento, uma resposta possível.

Caminhando, cantando e assobiando, aquele homem sabia que era metade árvore e metade humano, e não me espantaria saber que a sua querida árvore também havia ficado assim.

Ele sabia como alcançá-la sempre que precisasse, reconhecia que ela lhe havia dado muita coisa, ensinando-o a respirar e a sentir... Agora, precisava pensar sobre tudo aquilo, pois momentos como aqueles necessitam ser internalizados sem pressa.

Toda trajetória, seja qual for, deixa um legado, uma história, uma sensação, um perfume. E, sempre que parava em sua caminhada, punha-se a registrar como as relações poderiam ser mediadas, administradas, compreendidas por meio de uma espécie de acordo. Assim, chegou à seguinte conclusão: "Vou criar um Guia do bem viver, quem sabe uma espécie de acordo por escrito que possa servir de modelo aos outros". Era apenas uma espécie de guia, algo de sua imaginação, de sua intuição, fruto do desejo de que as más intenções ou as más ações pudessem ser, no dia a dia, digeridas pela força de um coletivo que usa seu poder e simplesmente "elimina" estrategicamente aqueles que supõem poder se beneficiar das fraquezas de uma equipe numa organização.

Mesmo sabendo que cada um poderia escrever seu próprio guia, aquele homem meio humano e meio árvore seguiu seu caminho, sabendo da grandeza de suas virtudes, da magnitude de suas intenções e do desejo profundo de que as pessoas que o cercassem pudessem estar sempre envolvidas e ser sempre guiadas por um sentimento de cuidar de suas sementes, regar suas raízes, fortalecer seus galhos e frutos e saborear dias mais humanos, servindo de modelo aos outros.

Guia do bem viver

- **Organizacionalmente**: trabalhe por um propósito; escolha humanizar suas relações, as relações capital-trabalho; estabeleça um discurso coerente com suas ações; realce seus valores e os discuta; promova contratos de trabalho justos e relações sociais cooperativas; não aceite cargos ou funções só pelo status: todos perceberão que você não tem a experiência para exercê-los.

- **Profissionalmente**: sua dedicação e seu compromisso devem espelhar os dos líderes com quem irá trabalhar, já que são eles os exemplos a serem seguidos. Defina seus valores pessoais e busque compará-los com os de sua organização, pois eles podem ser incompatíveis; nada é pior do que a solidão no meio do povo. Evite relações tóxicas.

- **Pessoalmente**: avalie constantemente o impacto que sua imagem e sua ação produzem em seus grupos de trabalho e nas pessoas. Ser sempre você mesmo nem sempre combina com o trabalho em equipe, o estabelecimento de vínculos e a cooperação com as pessoas. Evite seu ego.

- **Diariamente**: ao escovar os dentes e se arrumar, perceba a energia que surge para ir ao trabalho ou procurar emprego, você pode perder a viagem. Lembre-se: a verdade lhe cobrará todos os dias um sentido no que você faz, nas decisões que toma e na insistência em permanecer procurando algo que você sabe que pode não lhe fazer bem nem trazer benefícios.

- **Afetivamente**: não se projete nos outros, nos parceiros ou nos amigos. Esses filmes nunca têm final feliz. Descubra seu enredo, seus conteúdos e suas histórias. Afirme-se naquilo que pode fortalecer você, e assim os amigos vão aparecer e os amores vão se aproximar. Escolher é a melhor opção que os humanos têm para lidar com as dependências.

Proposição para refletir

Encontrar um caminho não é algo tão simples e fácil. Às vezes, procuramos em espaços com muita luz, bem claros, e não encontramos. Isso acontece porque sempre nos impomos clareza sobre tudo que queremos e buscamos. Mas, na mesma proporção, temos a escuridão, a sombra, e aqui também não enxergaremos tudo, talvez uma pequena parte, porém o suficiente para acharmos o que precisamos. Em muitos momentos, devemos buscar nossos caminhos nos dois lados, tanto na luz como na escuridão. Os segredos da vida são inimagináveis: às vezes, perdidos, nos encontramos, e, provavelmente, quando estivermos quietos, vamos nos perder outra vez. É importante respirar e tomar consciência de que, ao entrarmos num lago, nunca devemos nos jogar de cabeça, e sim entrar nas pontas dos pés. Não deixe que os elementos contidos ali turvem a água e que você perca sua visibilidade. Vá devagar, aos poucos, até estar completamente imerso naquele universo que escolheu.

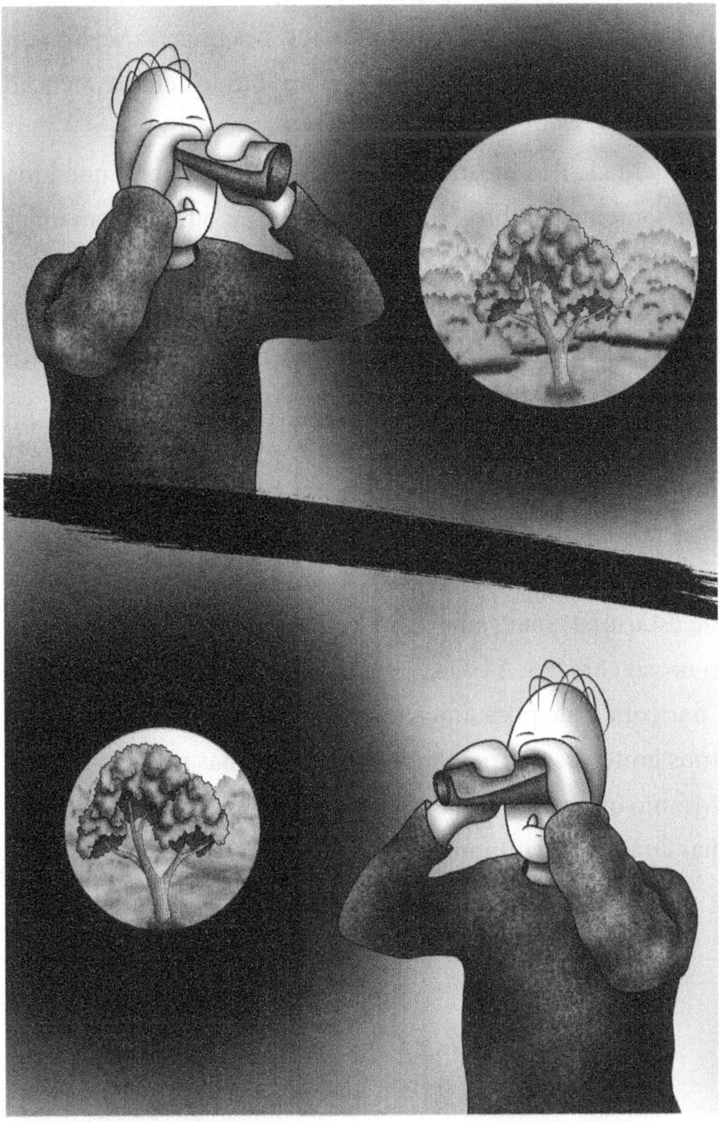

Proposição didática

Vivemos com pressa e aprendemos logo cedo que a vida é curta. Portanto, corremos e corremos; aprendemos, às vezes bem tarde, que devemos apenas viver, prestando sempre atenção aos nossos sentidos, às nossas decisões e realizações. A sincronicidade nos mostra de maneira muito simples que uma flor somente desabrochará quando chegar a hora (nem antes nem depois). O determinismo da vida também logo cedo nos diz que temos uma tendência a **ser isso ou ser aquilo**. Numa corda bamba, passamos a andar somente de um lado, nunca nos dois lados. Por isso, analise os conselhos, interprete os conceitos e enfrente a realidade, mas sempre confie nos seus sentimentos, nas suas sensações, nas palavras que podem até não fazer sentido imediato, mas que lhe tragam impacto e estranhamento. **Orar e vigiar** são sempre boas oportunidades de estarmos conectados com a nossa alma, o nosso corpo e o nosso coração. A base de tudo está na **confiança**, do grego "fiar com", que possuímos em nós mesmos, que desenvolvemos junto aos outros e que alimentamos nas nossas relações. Mesmo que a vida seja curta, busque sempre ter alguém para fiar com você. **Humanize-se**.

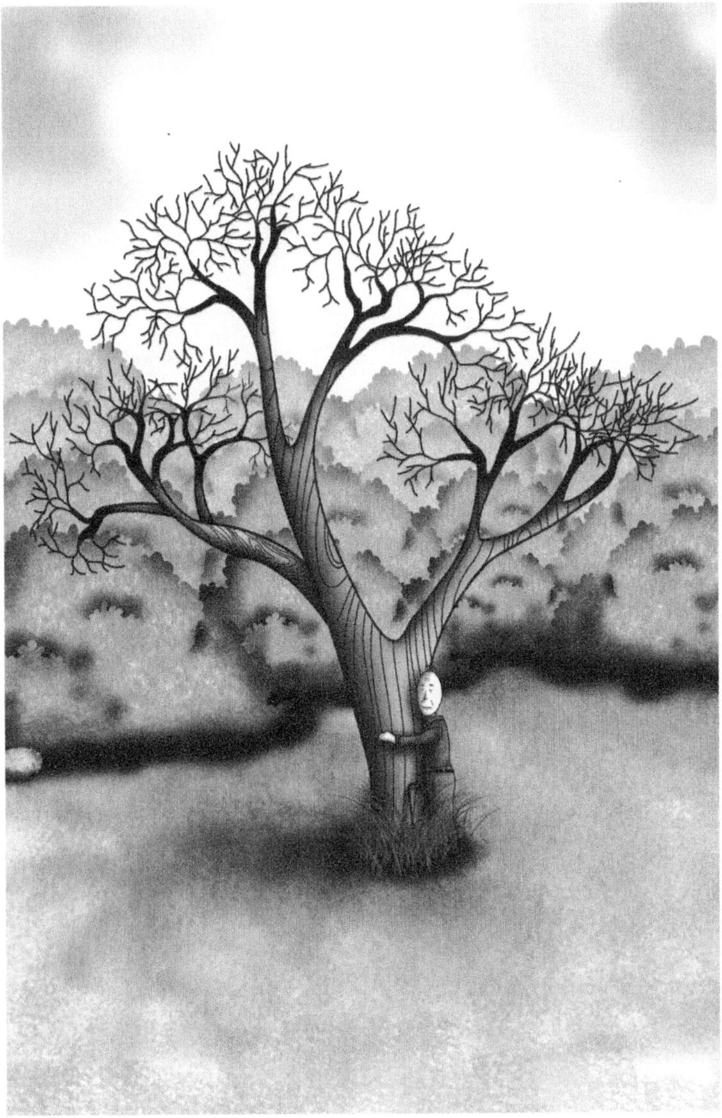

Esta obra foi composta em Minion Pro 11,6 pt e impressa em
papel Pólen soft 80 g/m² pela gráfica Meta.